MARIA LEONDIN

Mein Baum-Horoskop

DIE WEISHEIT DES KELTISCHEN BAUMKREISES

tosa

Inhaltsverzeichnis

Mein Baum-Horoskop

DIE WEISHEIT DES KELTISCHEN BAUMKREISES

Zuordnung

Die Eiche	21.3.	Die Birke	24.6.
Die Hasel	22. bis 31.3. 24.9. bis 3.10.	Die Buche	22.12.
Die Eberesche	1. bis 10.4 4. bis 13.10.	Der Apfelbaum	25.6. bis 4.7. 23.12. bis 1.1.
Der Ahorn	11. bis 20.4. 14. bis 23.10.	Die Tanne	5. bis 14.7. 2. bis 11.1.
Der Nussbaum	21. bis 30.4. 24.10. bis 2.11.	Die Ulme	15. bis 25.7. 12. bis 24.1
Die Pappel	1. bis 14.5. 5. bis 13.08. 4. bis 8.2.	Die Zypresse	26.7. bis 4.8. 25.1. bis 3.2.
Die Eibe	3. bis 11.11.	Die Zeder	14. bis 23.8. 9. bis 18.2.
Die Kastanie	15. bis 24.5. 12. bis 21.11.	Die Kiefer	24.8. bis 2.9. 19. bis 29.2.
Die Esche	25.5. bis 3.6. 22.11. bis 1.12.	Die Weide	3. bis 12.9. 1. bis 10.3.
Die Hagebuche	4. bis 13.6. 2. bis 11.12.	Die Linde	13. bis 22.9. 11. bis 20.3.
Die Feige	14. bis 23.6. 12. bis 21.12.	Die Olive	23.9.

Der keltische Baumkreis
Orientierungshilfe und Impulsgeber

Vielen Menschen dient der keltische Baumkreis heute als Wegweiser aus frühgeschichtlichen Zeiten. Als Orientierungshilfe und Impulsgeber kann er auch Ihren Alltag sinnvoll bereichern und Sie mit dem Kern Ihres inneren Wesens verbinden.

Doch halt: Wieso kann er das? Wissen wir, was und wie die Kelten dachten und handelten? Und wenn ja, kann uns dieses alte keltische Wissen heute wirklich noch helfen? Und ist das, was die Menschen in unseren Breiten vor 3000 Jahren so sehr bewegte, für uns heute noch von Belang?

Zu der einen oder anderen Frage werden Sie hier Anhaltspunkte finden. Sie werden erfahren, wie authentisch die Quellen sind, wie das ursprüngliche Konzept zum keltischen Baumkreis in der Neuzeit entstand und was uns der Symbolgehalt der Bäume heute sagen kann.

Auf den nächsten Seiten bekommen Sie zunächst interessante Informationen zu den Kelten. Sie erfahren außerdem, ob Sie eine Birke, Erle oder Weißpappel sind. Sie lesen, welche grundlegenden Eigenschaften diese Bäume repräsentieren. Sie bekommen Informationen darüber, welche Stärken und Schwächen damit verbunden sind, was das für Beruf und Beziehung bedeuten kann bzw. wer oder was darüber hinaus noch besonders gut zu Ihnen passt.

Die Kelten besaßen ein feines Gespür für die Gesetzmäßigkeiten der Natur und für die Energien, die damit einhergehen. Genau dieses Gespür will dieses Buch wieder beleben. Ob Sie dieses Gefühl für Ihren Alltag nutzen können, liegt bei Ihnen. Schaden kann es keinesfalls.

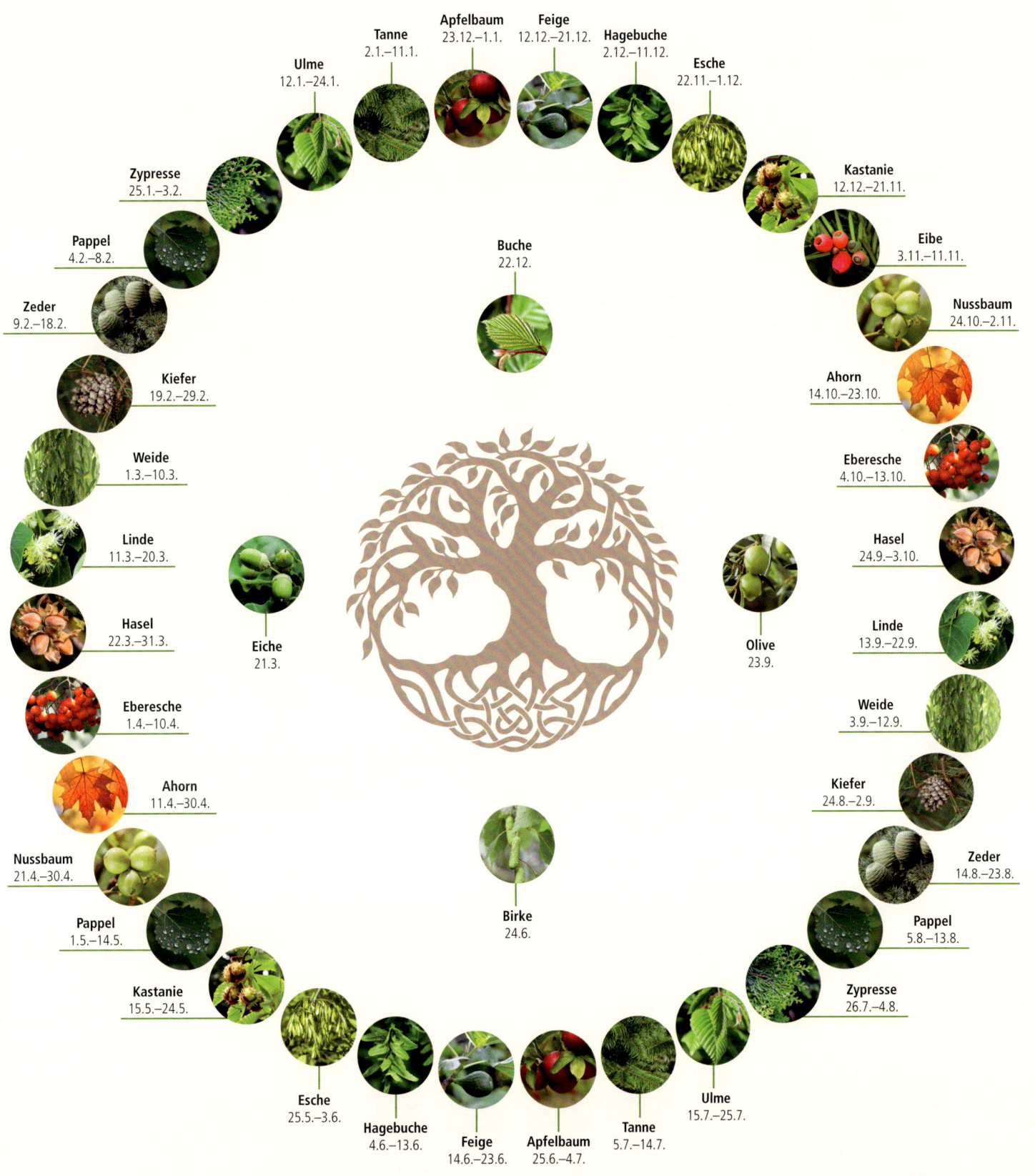

Tanne
2.1.–11.1.

Apfelbaum
23.12.–1.1.

Feige
12.12.–21.12.

Hagebuche
2.12.–11.12.

Esche
22.11.–1.12.

Ulme
12.1.–24.1.

Zypresse
25.1.–3.2.

Kastanie
12.12.–21.11.

Buche
22.12.

Eibe
3.11.–11.11.

Pappel
4.2.–8.2.

Nussbaum
24.10.–2.11.

Zeder
9.2.–18.2.

Ahorn
14.10.–23.10.

Kiefer
19.2.–29.2.

Eberesche
4.10.–13.10.

Weide
1.3.–10.3.

Hasel
24.9.–3.10.

Linde
11.3.–20.3.

Olive
23.9.

Linde
13.9.–22.9.

Hasel
22.3.–31.3.

Eiche
21.3.

Weide
3.9.–12.9.

Eberesche
1.4.–10.4.

Kiefer
24.8.–2.9.

Ahorn
11.4.–30.4.

Zeder
14.8.–23.8.

Nussbaum
21.4.–30.4.

Birke
24.6.

Pappel
5.8.–13.8.

Pappel
1.5.–14.5.

Zypresse
26.7.–4.8.

Kastanie
15.5.–24.5.

Esche
25.5.–3.6.

Hagebuche
4.6.–13.6.

Feige
14.6.–23.6.

Apfelbaum
25.6.–4.7.

Tanne
5.7.–14.7.

Ulme
15.7.–25.7.

Die Kelten

Wer waren die Kelten? Welche der zahlreichen Völker und Stämme, die Europa und Kleinasien vor ein- bis dreitausend Jahren besiedelten, kann man zu dieser mythenumwobenen Gruppe zählen? Was stimmt von dem, was wir über sie zu wissen glauben? Was ist Sage und was ist in die Fantasiewelten von New Age und anderen Esoterikströmungen zu verweisen?

Eines ist sicher: Um ein einheitliches Volk mit einem Staatsverbund vergleichbar mit dem des Römischen Reiches handelte es sich ganz sicher nicht. Vielmehr war es eine bunte Mischung mehr oder minder kleiner Völker und Stammesverbände, die gewisse kulturelle oder sprachliche Gemeinsamkeiten hatten und vor allem in Europa, aber auch in bestimmten Teilen Kleinasiens heimisch waren.

In überlieferten antiken Texten tauchen diese Stämme, die lateinisch als *celtae* oder *galli* und griechisch als *keltoi* oder *galatai* bezeichnet wurden, erstmals

in der Eisenzeit rund 1000 v. Chr. auf. Übersetzt bedeuten diese Namen „die Tapferen" oder „Edlen", was auf den kriegerischen Charakter dieser Volksstämme hinweist. Vermutlich kamen die Kelten aber schon wesentlich früher, nämlich gegen Ende des 3. Jahrtausends v. Chr., aus den russischen Steppen nach Europa. Ihre Blütezeit erreichten diese Völker zwischen 700 und 100 v. Chr., ihr Siedlungsgebiet reichte im Norden bis hinauf zu den britischen Inseln, im Westen bis Nordspanien und Frankreich, im Süden bis Oberitalien, im Osten bis Anatolien und schließlich im Südosten bis Griechenland und Kleinasien.

Die Begriffsverwirrung ist allerdings recht groß. Die als „Inselkelten" bezeichneten Bewohner der britischen Inseln sprachen zwar keltische Sprachen, nannten sich selber aber allem Anschein nach nicht „Kelten". Trotzdem werden sie heute als Kern der keltischen Kultur betrachtet.

Aber nicht nur die Zuordnung der Völker und Stämme in diesem Verbreitungsgebiet sorgt für Verwirrung. Zur Rätselhaftigkeit dieser Menschen trägt nicht zuletzt bei, dass diese Kultur so gut wie keine schriftlichen Überlieferungen hinterließ. Sie waren nämlich überzeugt, dass Geschriebenes den Dingen ihre Kraft nimmt.

Sie gaben ihr Wissen mündlich weiter; innerhalb der Fürstengeschlechter und von Druide zu Druide. Daher dauerte die Ausbildung des Letztgenannten auch bis zu 20 Jahre, eine enorme Zeitspanne, wenn man die geringe Lebenserwartung in der damaligen Zeit bedenkt. Das von ihnen von Generation zu Generation weitergegebene Wissen wurde mit Hilfe von Bildern und Symbolen vermittelt, eine Lernmethode, die mittlerweile als „gehirngerechtes Lernen" von Kritikern unseres Schulsystems wieder entdeckt wird.

Was wir über die Kelten zu wissen glauben, leiten wir aus archäologischen Funden, etwa den Fürstengräbern aus der Hallstattperiode, ab oder aus den

Berichten ihrer römischen und griechischen Kriegsgegner. So beschrieb etwa Julius Cäsar im „Gallischen Krieg" viele Einzelheiten aus dem Leben dieser – nicht zuletzt durch sein eigenes militärisches Eingreifen – untergehenden Kultur.

Auch wenn die Kelten keine dem römischen oder hellenistischen Reich vergleichbaren Strukturen aufbauten und keine Reiche schufen, so besaßen sie doch fein ausgefeilte Sozialsysteme. Steuerzahlungen gab es ebenso wie andere Verpflichtungen der Gemeinschaft gegenüber. Es wurde Recht gesprochen, Grenzsteine legten Gebietsansprüche fest, und es gibt Hinweise darauf, dass die keltische Oberschicht zu gewissen Zeiten trotz der Ablehnung schriftlicher Überlieferungen in wirtschaftlichen Angelegenheiten Buch führte. Die keltischen Völker auf dem Kontinent übernahmen von den Römern das Münzwesen, tauschten diese Münzen aber zumindest anfangs weniger als Wert, sondern nutzten sie als Medium, um Informationen weiterzugeben.

Das Wirtschaftssystem der Kelten basierte auf Ackerbau und Viehzucht. Auf kleinen umzäunten Flächen bauten sie Getreide, Hülsenfrüchte und Gemüse an. Ihr Wissen über Nutz- und Heilpflanzen war enorm. Und sie kannten auch bereits die alkoholische Gärung. So deutet das lateinische Wort für Bier, *cervisia*, auf die Braukünste der Kelten, auch wenn die Römer dieses Getränk überhaupt nicht zu schätzen wussten. Da kamen sie mit Met, dem Honigwein, den auch die Germanen produzierten, schon besser zurecht.

In der Viehzucht spielten je nach Region Schafe oder Rinder die wichtigste Rolle. Auch die Pferdezucht hatte für viele wehrhafte Stämme eine große Bedeutung. Außerdem waren die Kelten geschickte Bergleute; der Salzabbau im österreichischen Hallein durch Kelten ist erwiesen. Zudem liegt die Vermutung nahe, dass die im Mittelgebirge lebenden Kelten die Gewinnung und Verhüttung von Eisenerz kannten und nutzten. Jedenfalls trieben die Kelten regen Handel mit den sie umgebenden Völkern. Sie exportierten landwirtschaftliche Erzeugnisse,

Salz, Eisen und Zinn, aber auch Waffen, Werkzeuge und Textilien und kauften vor allem Glas, Wein und Gewürze aus dem Mittelmeerraum.

Über die Religion der Kelten ist wenig bekannt. Es gab eine Vielzahl regionaler Gottheiten, die in den Mythen oft als männliches und weibliches Paar oder als Triade aus Jungfrau, Mutter und altem Weib auftraten. Interessant ist, dass es weder eine eindeutig weibliche oder eine eindeutig männliche Überzahl in dieser Götterwelt gab. Daher ist auch das in vielen esoterischen Büchern nachzulesende matriarchale, an reinem Göttinnenkult ausgerichtete Religionsbild ein verzerrtes. Bei den Druiden – den Mittlern zwischen der Götter- und der Menschenwelt – handelte es sich fast immer und überall um Männer, nur bestimmte Rituale wurden von Frauen durchgeführt. Andere Aufgaben der Druiden, etwa in der Volksmedizin, übernahmen Frauen erst mit dem Zurückdrängen des Druidentums, was sie zu Beginn der Neuzeit dann als Hexen auf den Scheiterhaufen brachte.

 # Die Baumenergie

Der Baum ist ein ganz besonderes Geschenk der Schöpfung. Seit Menschengedenken gilt er auf allen Kontinenten dieser Erde als Symbol des Lebens. Mit seinen tief in die Erde reichenden Wurzeln und der weit in den Himmel ragenden Krone scheint er wie kein anderes Lebewesen auf diesem Planeten eine feste Verbindung zwischen der irdischen Existenz und den geistig-spirituellen Kräften herzustellen.

Egal, ob er als Weltenbaum „Yggdrasil" der Germanen den gesamten Kosmos verkörpert, ob er als Apfelbaum im Paradies den Menschen mit verbotenen Früchten lockt oder als Feigenbaum dem jungen Siddhartha Schutz und Geborgenheit zur Meditation verschafft, immer wieder ist es der Baum, der die menschliche Existenz mit dem göttlichen Atem verbindet.

Der Wald war für die Kelten Sinnbild der Innerlichkeit. Ihre Götter wurden ursprünglich nicht personifiziert, sondern fanden sich in allem, was existierte, speziell aber in den Bäumen. So war die Eiche beispielsweise jener Ort, in dem Cernunnos, der Gott der Fruchtbarkeit, zu Hause war. Entsprechend heilig war der Baum, der durch seine Existenz die Göttlichkeit verkörperte. Die Bezeichnung der Druiden leitet sich vom keltischen Namen für die Eiche, *duir*, ab. Einmal im Jahr besteigen die Druiden die Eichen, um heilige Eichenmisteln zu ernten.

Lichtungen und Haine waren generell heilige Orte, an denen die Druiden Kontakt mit der anderen Welt aufnahmen und als Vermittler zwischen sichtbarer und unsichtbarer Welt tätig wurden. Sie waren als Lehrer, Ärzte und Richter tätig, bestimmten die Feiertage und legten die richtigen Zeitpunkte für Saat und Ernte fest. Ihr Wissen bezogen sie aus ihrer eigenen Beobachtung der natürlichen Abläufe und den überlieferten Beobachtungen ihrer Vorgänger.

Die Römer verfolgten auch bei der Unterwerfung der keltischen Völker ihre übliche Doppelstrategie. Den Druiden untersagte man ihre kultischen und politischen Aktivitäten und verfolgte sie sogar als Staatsfeinde.

Gegenüber der heidnischen Götterwelt zeigte man sich dagegen tolerant und förderte eine Angleichung mit den eigenen Göttern. So wurde beispielsweise Teutates mit Merkur gleichgesetzt, Cernunnos mit Jupiter. Das führte zu einer gewissen Vermischung aus römisch-hellenistischem und keltischem Götterkult. Und als von Irland aus Missionare die Christianisierung Europas angingen, so taten sie dies in der Tradition der Druiden und trugen auf diesem Weg keltisches Gedankengut auch in die christliche Religion.

Die folgenden Beschreibungen der Bäume orientieren sich an den uns bekannten keltischen Symbolbildern, aber auch an universellen Zuordnungen, soweit sie dazu passend scheinen. Die Datumszuordnung folgt den derzeit üblichen, die alle auf die Arbeit von Paula Delsol zurückzuführen sind.

Diese Zuordnung erscheint nicht nur plausibel sondern ist auch so weit verbreitet, dass das vorliegende Buch nicht für unnötige Verwirrung sorgen will. Daher übernimmt dieser Ratgeber auch die Zeder als jenen Baum, der den keltischen Baumkreis vom 14. bis 23. August sowie vom 9. bis 18. Februar mit seiner besonderen Energie dominiert.

Natürlich lässt sich hinterfragen, wie die Zeder, die erst im 17. Jahrhundert aus dem Libanon ihren Weg nach Europa fand, etwa den britischen Inselkelten bekannt gewesen sein soll und ob es sich nicht viel eher um den Zirbelbaum handeln könnte, wie von einigen Autoren angeregt. Aber wer kennt heutzutage schon die Zirbel, während die Zeder mittlerweile in unseren Breiten bekannt geworden und mit einem eindeutigen Symbolgehalt versehen ist.

Keltenkalender und keltischer Baumkreis

Hatten die Kelten einen Baumkalender? Besaßen sie überhaupt so etwas wie einen Kalender? Und wenn ja, war er dann so wie der unsere am Sonnenjahr ausgerichtet oder orientierte er sich am Rhythmus des Mondes? Wie gingen die Kelten überhaupt mit der Zeit um? Fragen, auf die die Antworten sehr unterschiedlich ausfallen – je nachdem, zu welcher Zeit wir auf welchen Stamm bzw. welches Siedlungsgebiet schauen.

Eines dürfte jedenfalls allen Kelten gemeinsam gewesen sein: Sie stellten sich die Zeit ganz anders vor, als wir das heute tun. Bei uns folgt auf gestern heute und auf heute morgen. So bildet die Zeit eine Linie, auf der man sich immer nur nach vorne bewegen kann, niemals zurück. Und wo man Vergangenes auch deshalb schriftlich festhält, damit es nicht im Nichts verschwindet.

Die Kelten stellten sich die Zeit dagegen als endlosen Kreislauf aus Saat und Ernte, Frühling, Sommer, Herbst und Winter, Geburt und Tod vor. Sie verzichteten auf vergangenheitsbezogene Chroniken, denn das, was vorbei war, kam ohnehin bei nächster Gelegenheit wieder. Kalendarische Berechnungen dienten nur der Orientierung in diesem Zyklus.

Aber wie sahen diese Kalender aus? Worauf basierten sie? Und wer berechnete sie? Wissenschaftlich belegen lassen sich zwei keltische Kalendersysteme, und zwar ein Mond-Sonnen-Kalender, der von den gallischen Druiden verwendet wurde, aber den Einfluss des römischen Kalendersystems nicht verleugnen kann, und ein aus dem bäuerlichen Leben stammender Jahreskreis, der durch vier große Feste untergliedert wurde.

Der Mond-Sonnen-Kalender basierte auf zwölf Mond-Monaten mit teils 30, teils 29 Tagen, die fünf Jahre hindurch aufeinander folgen sowie zwei Schaltmonaten, einen am Anfang des Fünfjahreszyklus, einen nach dem sechsten Monat des dritten Jahres. Insgesamt ergibt sich so innerhalb von fünf Jahren allerdings eine Differenz von fünf zusätzlichen Tagen im Vergleich zu unseren Sonnenjahren. Er diente den Druiden vor allem zur Berechnung von Fest- und Ritualtagen, sie leiteten aus diesem Kalender aber auch Handlungsanweisungen für ihre spirituellen Aufgaben ab. So musste an einigen dieser Tage beispielsweise das Befragen der Holzstäbchen-Orakel unterbleiben.

Den bäuerlichen Festkalender kennen wir vor allem aus irischen Funden. Im Gegensatz zu dem vorher beschriebenen handelt es sich dabei um einen Sonnenkalender. Die vier großen Feste waren Imbolc oder die Wiederkehr des Lichtes in der Nacht auf den 1. Februar, Beltane oder das Fruchtbarkeitsfest in der Nacht auf den 1. Mai, Lugnasad oder das Kornfest in der Nacht auf den 1. August sowie Samuin oder das Totenfest in der Nacht auf den 1. November. An diesen Tagen wurden die wichtigsten politischen Versammlungen sowie die großen Märkte abgehalten, die Abgaben für das kommende Jahr festgelegt und Recht gesprochen. Beltane und Samuin hatten darüber hinaus auch große religiöse Bedeutung, weil an diesen Tagen die Anderswelt der Toten offen stand. Tagundnachtgleiche oder die Sonnwendtage spielen in diesem System interessanterweise dagegen keine große Rolle.

Beiden Kalendersystemen gemeinsam ist, dass nicht die Tage sondern die Nächte gezählt und Geburtstage, Monats- und Jahresanfänge so berechnet wurden, dass der Tag auf die Nacht folgt. Außerdem galt die zweite Hälfte des Monats als die „dunklere". Die Existenz eines Baumkalenders oder Baumkreises lässt sich dagegen weder aus antiken Texten noch aus archäologischen Funden rekonstruieren.

Auch die im deutschen Sprachraum so gerne gepflanzten keltischen Baumkreise – wie sie etwa in Vils im Allgäu, in Weng bei Admont oder in der österreichischen Hauptstadt Wien stehen – sind eher eine moderne Touristenattraktion als eine authentische Nachbildung keltischer Kultstätten. Den Kelten ging es um das Bewusstsein der unterschiedlichen Energien, die von den einzelnen Bäumen verkörpert wurden. Besonders alte, mächtige einzeln stehende Bäume wurden als Sitz von göttlicher Energie verehrt. Dort befanden sich naturgegeben auch besondere Kult- und Versammlungsplätze. Dass deswegen alle heute im keltischen Baumkreis vertretenen Bäume gezielt an einem Ort angepflanzt wurden, ist dagegen auszuschließen.

Das moderne keltische Baumhoroskop

Was heute als Keltenkalender oder auch als keltisches Baumhoroskop bezeichnet wird, stammt ursprünglich aus der Feder der französischen Kulturjournalistin Paula Delsol, die im Auftrag des Frauenmagazins „Marie Claire" Anfang der 70er-Jahre des vergangenen Jahrhunderts ein neuartiges Horoskop auf der Grundlage alten Wissens entwickelt hatte.

Ist das keltische Baumhoroskop deshalb Hokuspokus? Sind alle seither veröffentlichten Ableitungen wie Baumkalender und Baumkreise deswegen Unsinn? Man kann Paula Delsol gründliche Recherche und großes Fingerspitzengefühl bei der Zuordnung von Eigenschaften und Analogien zu den von ihr beschriebenen Bäumen nicht absprechen.

Und auch auf ihr aufbauende Autoren wie Michael Vescoli haben viel Stimmiges und Hilfreiches zusammengetragen.

Fakt ist, dass die Kelten eine tiefe Verbundenheit zu der sie umgebenden Natur besaßen, dass sie scharf beobachteten und dass sie das Beobachtete in eine eigene Symbolik übertrugen. Diese Bildersprache fand nicht zuletzt durch hinhaltenden Widerstand Eingang in das abendländische, römisch-christliche Weltbild und ist uns damit bis heute erschließbar, auch wenn uns heute direkte keltische Schriftquellen fehlen.

Man kann die Baumsymbolik und die mit ihr verbundenen Eigenschaften daher wie Delsol oder Vescoli sehr wohl als Zuordnungsmodell für menschliche Charaktereigenschaften nutzen, die am Geburtsdatum festgemacht werden. Man sollte sich nur dabei bewusst sein, dass es sich um ein modernes System handelt, in das sich auch Elemente unserer heutigen Logik eingeschlichen haben.

Die folgende Beschreibung der 22 Bäume beginnt mit dem Baum, der in jener Zeit regiert, in die Samhain, das keltische Neujahrsfest, fällt. Es ist die Nacht zum 1. November, an dem das Winterhalbjahr beginnt und die Kelten das Totenfest feiern. Die Anderswelt – das Reich der Toten – steht offen, die Grenzen zwischen Leben und Tod verschwimmen.

Der Nussbaum

Ein Kompromissloser

DATUM IM JAHRESKREIS:
24.10. bis 2.11. und 21. bis 30.4.

NUMEROLOGISCHE ZAHL: 1

ENERGIE: fordernd und formend

ELEMENT: Luft

FARBE: dunkles Blau

EDELSTEIN: Lapislazuli

ZENTRALER WIRKUNGSBEREICH: die Gemeinschaft

MEDIZIN: Schützer des Herzens durch seinen hohen Niacingehalt, als Sud entzündungshemmend bei Hauterkrankungen

MOTTO: Nicht denken, sondern handeln!

SEHNSUCHT: die Heimat im Herzen

Vom Baum zum Symbol

Der Nussbaum kam vermutlich in der Zeit der Völkerwanderung vom Persischen Golf über Griechenland und Italien über die Alpen in unsere Breiten. Die Kelten brachten ihn dann auch auf die britischen Inseln, wo er sich aufgrund der milden Winter besonders wohl fühlt. Die „welsche" oder „wahlische" Nuss spielte bereits bei den Kelten in zahlreichen Fruchtbarkeitsritualen eine Rolle.

Zu Samhain oder Halloween wurden beispielsweise geröstete Nüsse gegessen, um das alte Jahr zu ehren und das neue fruchtbar zu begrüßen.

Doch über die naheliegende Verbindung mit Sexualität und Kindersegen hinaus, die sich durch die Frucht in der Schale aufdrängt, stand die Walnuss vor allem für eine edle Grundgesinnung, tiefgründige Gedanken und segensreiches Wirken für die Gemeinschaft, aber auch für Unnachgiebigkeit und Stolz. Der Nussbaum symbolisierte Aufrichtigkeit und Einsatzbereitschaft für Ideen und Ideale, außerdem gestand man ihm natürliche Autorität zu. Übrigens hatte er noch eine ganz pragmatische Funktion. In der Nähe von Jauchegruben und Latrinen sollte er die entstehenden unangenehmen „Düfte" neutralisieren.

Im Licht des Nussbaums

Wer im Zeichen des Nussbaums geboren wurde, ist in einer ganz besonderen Phase des Jahres zur Welt gekommen. In den Frühjahrstagen vom 21. bis 30. April entscheidet es sich, ob das Jahr ein fruchtbares wird und die Bäume reiche Früchte tragen werden. Und in den Herbsttagen vom 24. Oktober bis zum 2. November müssen die Nüsse als fett- und proteinreiche sowie schmackhafte Vorräte gesammelt und eingelagert werden. In diese Tage fällt auch das keltische Neujahr, zu dem geröstete Nüsse gegessen wurden.

Menschen, die im Zeichen dieses an sich anspruchslosen Baumes geboren wurden, der nur auf anhaltende Kälte empfindlich reagiert, gelten als stark, einsatzbereit und leistungsfähig. Man sagt ihnen nach, erst einmal nachzudenken, bevor sie irgendwelche Aktionen setzen. Kommen sie dann zu dem Ergebnis, dass ein Mensch oder eine Sache ihre Unterstützung verdient, ist ihnen keine Mühe zu viel und keine Investition zu hoch.

Dass sie zu ihrem Wort stehen, versteht sich für sie von selbst, wobei sie die gleiche Handschlagqualität auch von ihrer Umgebung erwarten.

Für halbherziges Herumlavieren oder unsicheres Zögern bringen sie einfach kein Verständnis auf. Nussbäume setzen auf Selbstdisziplin, wo andere nach einer trickreichen List oder einem bequemen Kompromiss suchen. Ein Nussbaum hat für solch ein Verhalten nur missbilligende Verachtung übrig.

Im Schatten des Nussbaums

Bekanntlich wird jede Tugend, die übertrieben wird, zur Untugend. Und so ist es auch beim Nussbaum, der von seinen Überzeugungen und Idealen mitunter so durchdrungen ist, dass nichts daneben Platz hat. Auf seine Mitmenschen wirkt er dann oft engstirnig und selbstherrlich. Das stört nicht nur die anderen, sondern schränkt auch den Nussbaum selbst stark ein. Kann er sich doch nur schwer von den Ideen anderer Menschen inspirieren lassen. Im Übrigen macht sich der Nussbaum oft das Leben selber schwerer als nötig, denn er versteht kaum, dass die Dinge auch leicht von der Hand gehen dürfen.

Er glaubt vielmehr daran, dass alles wirklich Wichtige im Leben mit Arbeit, Schweiß und mitunter auch mit Tränen erkauft werden muss. Bevor er über die Art und Weise nachdenkt, mit der er etwas zu erreichen trachtet, intensiviert er lieber seine bisherigen Anstrengungen und versucht es nach dem Motto „mehr vom Gleichen". Da er das allerdings mit viel Emotion verbindet, halten ihn andere dann des öfteren für einen „Gefühlsterroristen" und übersehen dabei, dass der Nussbaum seine Bemühungen kaum jemals aus egoistischen Gründen verfolgt, sondern um seinen Lieben zu dienen.

Beruf und Berufung

Nussbäume können hart arbeiten. Und so wundert es nicht, dass sie im Beruf in aller Regel außerordentlich erfolgreich werden. Vor allem jene, die das Glück hatten, einen Arbeitgeber zu finden, mit dem sie sich identifizieren können, entfalten sich an ihrem Arbeitsplatz besonders gut.

Allerdings ist mit dem Aufstieg eines Nussbaums auch eine Gefahr verknüpft: In aller Regel ist er kein sonderlich angenehmer Chef, weil er glaubt, dass alles so passieren muss, wie er es machen würde. Daher delegieren Nussbäume nur schwer, kontrollieren dann jeden Arbeitsschritt und orientieren sich dabei selten am Ergebnis sondern mehr an der Art und Weise, wie der Mitarbeiter seine Aufgaben erledigt. Für junge Menschen ist es daher oft nur schwer möglich, unter den Fittichen eines Nussbaumes so etwas wie einen eigenen Stil zu entwickeln.

Stößt man allerdings auf einen Nussbaum, dessen Vorstellungen man entspricht, hat man einen starken Mentor an seiner Seite. Vor allem werteorientierte Berufe wie Pfarrer, Politiker oder Jurist sind nach dem Geschmack des Nussbaums.

Oft werden sie auch Lehrer, wobei man sagen muss, dass sie in diesem Beruf keine Idealbesetzung sind, weil sie mit den individuellen Veranlagungen ihrer Schüler nicht sonderlich verständnisvoll umgehen. Andererseits sind Nussbäume kraft ihres Verhaltens meist so gute Vorbilder, dass dieser Mangel an Verständnis mehr als ausgeglichen werden kann.

Nussbaum-Beziehungen

Nussbäume suchen eine emotionale Heimat und gehören daher zu den bedingungslos Liebenden. Wer ihr Herz erobert, kann sich eines zuverlässigen, leidenschaftlich liebenden Partners sicher ein. Allerdings sollte man sich als Teil einer Nussbaum-Beziehung hundertprozentig loyal verhalten. Für den leichtfertigen Flirt außer Haus hat dieser Partner kein Verständnis.

Schwierig wird es auch, wenn die Gefühle eines Nussbaums nicht erwidert werden. Das kann er nämlich überhaupt nicht verstehen. Bringt er aus seiner Sicht doch alles mit, was das Herz seines Gegenübers nur begehren kann: Häuslichkeit, Treue, Loyalität und eine schier unerschöpfliche Einsatzbereitschaft für das gemeinsame Heim.

Dass all diese Eigenschaften andere Menschen mitunter überfordern, verstört ihn. Und statt sich dann abzuwenden und sich einen besser zu ihm passenden Partner zu suchen, intensiviert der Nussbaum auch hier seine Bemühungen und bekommt mitunter den Anschein eines Stalkers.

Stößt die Liebe des Nussbaums dagegen auf Gegenliebe, ist er ein überraschend leidenschaftlicher Partner, der alle Facetten der körperlichen und der geistigen Liebe perfekt beherrscht. Und dann ist er auch bereit, die eine oder andere Extravaganz – oder was er zumindest dafür hält – bei seinem Liebsten zu tolerieren.

Die Eibe

Eine Fragende nach dem Woher und dem Wohin

DATUM IM JAHRESKREIS: 3. bis 11.11.

NUMEROLOGISCHE ZAHL: 8

ENERGIE: aufnehmend und nährend

ELEMENT: Erde

FARBE: Weiß

EDELSTEIN: weißer Opal

ZENTRALER WIRKUNGSBEREICH: der Sieg über die eigenen Grenzen

MEDIZIN: entgiftet durch Anregung der Leber (homöopathisch)

MOTTO: Ein Ende ist immer auch ein Neuanfang.

SEHNSUCHT: die Begegnung mit der Zwillingsseele

Vom Baum zum Symbol

Die mächtige dunkle Eibe mit ihren breiten grünen Nadeln und den roten Beeren war ein wichtiger Baum für die Kelten. In der Antike bildete er ausgedehnte, dunkle Wälder, in denen ganze römische Legionen verschwinden konnten.

Für die Druiden war die Eibe heilig. Der langsam wachsende, dann aber extrem ausladende Nadelbaum, dessen knorrige Stämme hinter dem Astgewirr kaum zu entdecken sind, stand für den Tod und die Wiedergeburt und war der Sitz des Totengottes Dagda (auch Eochaid Ollathair), des Stammvaters der keltischen Menschen. Wie fast alle immergrünen Pflanzen stand auch die Eibe in Zusammenhang mit dem Tod und dem ewigen Leben. Doch während die Tanne eher als Torhüter der Geburt verstanden wurde, war die Eibe mit ihren giftigen roten Beeren für den Eingang in das Reich des Todes zuständig.

Ihre zunächst waagerecht wachsenden, dann steil nach oben strebenden Äste garantierten die Totenruhe. Germanen und Kelten glaubten zudem, dass Eibenholz vor bösen Geistern schützt, weshalb sie Talismane aus diesem Material schnitzten.

Das Holz der Eibe hatte aber auch wirtschaftliche Bedeutung. Weil es frisch geschnitten extrem elastisch ist, dann aber zu den härtesten und tragfähigsten Hölzern Europas aushärtet, wurden Armbrüste daraus gefertigt. Außerdem diente es auch als Ausgangsmaterial für andere Waffen wie Keulen und Morgensterne sowie für Truhen und Möbel. Symbolisch standen damit Zuschreibungen wie Wehrhaftigkeit und die Verteidigung der Heimat in Zusammenhang.

Interessanterweise ist die Eibe aus einigen modernen Varianten des keltischen Baumkreises verschwunden.

Michael Vescoli führt dies auf die Tabuisierung des Themas Tod und Wiedergeburt zurück und gibt der Eibe aufgrund ihrer offensichtlich großen Bedeutung bei den Kelten wiederum Raum.

Da seine Variante für zahlreiche Baumkreisinstallationen im deutschsprachigen Raum Pate stand, soll die Eibe auch in diesem Buch ihren Platz bekommen.

Im Licht der Eibe

Menschen, die während der Eiben-Tage im November geboren wurden, sagt man eine fügsame, anpassungsfähige Art nach. Geduldig schmiegen sie sich in jene Formen, die ihnen die Gesellschaft vorgibt, entziehen sich aber diesem normativen Druck gleichzeitig auf eine kaum nachvollziehbare Art und Weise. Als Kinder fallen sie selten negativ auf, erfüllen sie doch alles brav, was man ihnen vorgibt. Und dennoch sind sie den Erwachsenen oft unheimlich. Beschäftigen sie sich doch schon früh mit philosophischen Gedanken nach dem „Woher" und dem „Wohin". Menschliche Eiben leben in ihrer eigenen Welt, entwickeln sich langsam und scheinen dabei durch ihre Erziehung besonders formbar zu sein.

In Gruppen fügen sie sich leicht ein, ohne deshalb wirklich Teil der Gruppe zu werden. Nur wenn sie auf echte Seelenverwandtschaft stoßen, öffnen sie sich und gehen tiefe Beziehungen ein.

In Wahrheit ist die menschliche Eibe wie ihre Regentin im Wald: Aus besonders hartem Holz geschnitzt wartet sie geduldig auf ihre Chance, um dann jenen Platz einzunehmen, der ihrer ureigenen Form entspricht. Und damit enthüllt sie auch ihren wahren Charakter: Sie ist ein eigenwilliges Geschöpf, das sich intensiv mit den eigenen Gefühlen auseinandersetzt – und zwar auch mit jenen Gefühlen, die andere lieber beiseiteschieben und ignorieren.

Im Schatten der Eibe

Eiben sind im Grunde verschlossene Geschöpfe. Äußerlich scheinbar ruhig, tobt innerlich jedoch ein Kampf, den die Umwelt leider oft viel zu spät mitbekommt. Daher ist es extrem schwer, einer mit sich und ihrem Schicksal hadernden Eibe zur Hilfe zu kommen. Unterstützungsangebote nimmt

sie scheinbar dankbar an, ohne sich in Wahrheit helfen zu lassen. Ihr Gift, das sie wie der Baum tief in ihrem Kern verbirgt, richtet sie eher gegen sich selbst als gegen andere. Daher ist sie für depressive Verstimmungen auch besonders anfällig.

Da man ihre tiefe Emotionalität äußerlich kaum erkennt, gilt sie bei den Menschen in ihrer Umgebung oft als gefühlskalt und arrogant. Man vermutet Hartherzigkeit, wo die Eibe in Wahrheit Herzblut vergießt. Oder man übersieht sie, da sie aus lauter Selbstschutz überangepasst auftritt und dabei ihre Individualität versteckt.

Beruf und Berufung

Große Karrieren macht die Eibe in den seltensten Fällen. Man findet sie eher an Orten, die große Härte gegen sich selbst erforderlich machen. Sie erledigt auch langweilige Routinearbeiten ohne großes Aufmucken, bieten diese ihr doch ausreichend Gelegenheit, ihren eigenen Gedanken nachzuhängen. In Führungspositionen treten Eiben nur in Ausnahmefällen auf. Da sie oft selbst nicht so genau wissen, wo es in ihrem Leben eigentlich wirklich langgeht, nehmen sie für sich auch nicht in Anspruch, andere Menschen in etwas anzuweisen. Das heißt aber nicht, dass Eiben nicht zu großen Leistungen in der Lage sind. Oft kommen ihre besonderen Fähigkeiten erst nach der Pensionierung so richtig zur Geltung, wenn sie mit einer ehrenamtlichen Tätigkeit ein völlig neues Leben beginnen.

Eiben, die für sich eine sinnvolle Antwort ihrer Lebensthemen gefunden haben, können sich zu wertvollen Stützen für andere Menschen entwickeln. Als Sterbebegleiter oder Berater in traumatischen Lebenssituationen sind sie dann eine Idealbesetzung, wenn sie selber innerlich ausreichend gefestigt sind. Im Grunde ist ihnen allerdings lieber, wenn sie im inneren Dialog mit sich selber bleiben können.

Eiben-Beziehungen

Das Liebesleben der Eibe ist im Grunde ein Dilemma. Eigentlich ist das gesamte Sehnen dieser Menschen nach der Begegnung mit ihrer Zwillingsseele ausgerichtet. Sie glauben fest daran, dass irgendwo auf der Welt ein Mensch lebt, der das ideale Gegenstück darstellt. Erst wenn sie diese Zwillingsseele gefunden haben, scheint ihr gesamtes menschliches Potential erschließbar. Da sich Eiben jedoch nur schwer öffnen, machen sie es anderen schwer, die Seelenverwandtschaft zu entdecken.

Eine Eibe benötigt Zeit, in der intellektuellen Entwicklung ebenso wie in der Beziehung.

Wer sie liebt, sollte sich auf eine langsame Annäherung in kleinen Schritten gefasst machen. Fühlt sich eine Eibe allerdings wohl, dann entwickelt sie überraschende, sehr individuelle Triebe. Da kann es für den Partner auch bald einmal etwas eng werden. Aber im Grunde ist die Eibe kein Mensch, der den Partner erstickt. Eher bildet sie ein Beziehungsgeflecht, das für Außenstehende undurchdringlich erscheint, für den anderen jedoch ausreichend Luft lässt. Fruchtbarkeit – in materieller oder körperlicher Hinsicht – ist in dieser Beziehung nicht das Wichtigste; geistige Entwicklung dagegen garantiert.

Die Kastanie

Ein Weltverbesserer

DATUM IM JAHRESKREIS:
12. bis 21.11. und 15. bis 24.5.

NUMEROLOGISCHE ZAHL: 9

ENERGIE: fordernd und formend

ELEMENT: Luft

FARBE: tiefes Grün

EDELSTEIN: Jade

ZENTRALER WIRKUNGSBEREICH: das Universum

MEDIZIN: Tee gegen Keuchhusten, Bronchitis, als Bachblüten gegen tiefe Verzweiflung

MOTTO: Mehr Sein als Schein.

SEHNSUCHT: die Heilung der Welt

Vom Baum zum Symbol

Unter der Kastanie versteht man in unserem Sprachgebrauch in der Regel die Rosskastanie, die mit ihren weißen oder roten Blütenkerzen im April Farbe in die Baumalleen bringt, im Sommer mit ihren ausladenden, fingerförmig gefiederten Blättern die Straßen beschattet und den Herbst mit ihren Früchten in den kugelig-stacheligen Hüllen verschönt. Ein attraktiver Baum, der zudem als Futterquelle für Tiere auch schon vor Jahrtausenden seine Nützlichkeit besaß.

Im keltischen Baumkalender spricht allerdings viel dafür, den meisten modernen Autoren zu folgen und die Edelkastanie heranzuziehen. Sie blüht einen Monat später als ihre „gewöhnliche", aber auffälligere Schwester, wenngleich ihre gelbgrünen Kätzchen eher unscheinbar im Laub verborgen bleiben. Auch die Früchte sind längst nicht so spektakulär verpackt wie bei der Rosskastanie, dafür schmecken sie gegart auch Menschen gut.

Das Wort „Ross" bedeutete in vielen indoeuropäischen Sprachen „falsch, unecht", was darauf hindeutet, dass man die Rosskastanie für die „falsche", die Edelkastanie hingegen für die „echte" Kastanie hielt.

Kastanientage stehen jedenfalls in dem Spannungsfeld des Scheins, der nicht viel Sein beinhaltet, und der Bescheidenheit, die wahre Werte mit sich bringt. Damit gehen gesunde Selbstkritik und die Bereitschaft einher, sich auch mit jenen Wahrheiten auseinander zu setzen, die vielleicht wehtun könnten.

Im Licht der Kastanie

Menschen, die im Zeichen der Kastanie geboren wurden, gelten als besonders redlich und echt. Ähnlich wie Nussbaumgeborene hassen sie jegliche Verstellung zum eigenen Vorteil. Doch während die im Zeichen des Nussbaums Geborenen vor allem im engen Kreis von Freunden und Familie wirken wollen, hat die Kastanie Größeres im Sinn. Sie will die ganze Welt verbessern, am liebsten das gesamte Universum. Dabei ist sie auf der Suche nach einer für alle geltenden Wahrheit und stellt sich rigoros jedem in den Weg, der diese Wahrheit stören könnte.

Dass sie das in aller Regel mit viel Humor macht, sichert ihr die Akzeptanz ihrer Umgebung. Kastanien begeistern ihre Mitmenschen für ihre Ideen, da sie in der Lage sind, auch Unangenehmes mit Augenzwinkern zu servieren. Verstehen wir uns nicht falsch: Kastanien schnüren keine Mogelpackungen. Sie liefern nur die Verdauungspille gleich mit, indem sie mit Wortwitz und dem Hinweis auf das Größere hinter dem persönlichen Kleinen das ursprünglich Ungenießbare genießbar machen.

Dabei entwickeln sie einen scharfen Weitblick, was ihnen wiederum das Vertrauen ihrer Umgebung einträgt. So scharen sie eine Gefolgschaft um sich, die in ihrem Sinne wirkt. Dass sie diese Gefolgsleute auch versorgt, ist für die Kastanie Ehrensache. Mit einer Fürsorge für die Gemeinschaft sollte man das allerdings nicht verwechseln. Kastanien lieben das Große und Ganze. Und sie kümmern sich um alles, was diesem dient. Welche Menschen davon im Einzelnen betroffen sind, ist ihr unwichtig.

Im Schatten der Kastanie

Kastanien sind Idealisten, die dazu neigen, das Ideal über die Menschlichkeit zu stellen. Sind sie von einer Idee erst einmal durchdrungen, achten sie kaum noch auf die Schäden, die auf dem Weg zum Ziel entstehen. Da sie über eine charmante Art verfügen, folgen ihnen die Menschen in ihrer Umgebung auch bereitwillig, um unter Umständen erstaunt festzustellen, dass sie in Wahrheit im Schatten der Kastanie weit weniger geborgen waren, als sie zunächst geglaubt hatten.

Allerdings sind Kastanien im Grunde viel zu selbstkritisch, um für sich irgendeine Form des Guru-Status in Anspruch zu nehmen. Trotzdem schreiben ihnen die Menschen oft eine derartige Sonderrolle zu.

Und die nimmt die Kastanie auch im Namen ihrer großen Ideale huldvoll entgegen.

Diese idealistische Grundhaltung macht es der Kastanie schwer, Fehler in der eigenen Grundhaltung zu erkennen und zu korrigieren. Lieber geht sie allem und jedem aus dem Weg, bevor sie solche Erschütterungen des Selbstbildes in Kauf nimmt. Sie neigt zwar nicht zu körperlicher Gewalt, kann aber durchaus so etwas wie intellektuelle Gewalt entwickeln, um ihre Sicht der Welt zu verteidigen. Und das schränkt dann ihre Perspektive noch weiter ein und macht Kurskorrekturen so gut wie unmöglich.

Beruf und Berufung

Kastanien begegnet man relativ selten in den Chefetagen unserer Wirtschaft. Sie sind zwar kraftvoll
genug, um den Weg nach oben zu schaffen. Aber
im Grunde ist ihr bevorzugtes Wirkungsfeld ein
deutlich größeres, als es ein Unternehmen zu bieten hat. Daher findet man diese charismatischen
Menschen viel eher im diplomatischen Dienst, als
Führungskräftetrainer oder als Wissenschaftler an
gut dotierten Instituten mit einem öffentlichkeitswirksamen Forschungsauftrag.

Kastanien wollen wirken, und dabei ist es ihnen
relativ egal, für wen und mit wem sie dies tun.

Als Chefs geben sie selten klare Anweisungen.
Sie gehen davon aus, dass die Mitarbeiter selber
wissen, was zu tun ist. Wirkt dann der eine oder
andere nicht im Sinne der Kastanie, wird sie unwirsch. Sie kann einfach nicht verstehen, dass jemand aus ihrem engeren Umfeld nicht in der Lage
sein soll, ihre innere Stimme zu hören und in ihrem
Sinne zu deuten. Dass sie mit dieser Strategie oft
große Erfolge feiert, ist auf ihre charismatische
Persönlichkeit zurückzuführen, ändert aber nichts
daran, dass sie im Grunde alles andere als ein wirk-
samer Manager ist.

Kastanien-Beziehungen

Im Grunde ist die Kastanie kein schnell entflamm-
barer Mensch. Am liebsten wäre ihr eine lebens-
lange Beziehung, in der sie den Partner nach ihren
Vorstellungen formen kann. Schließlich soll auch
der Mensch an ihrer Seite ihren Idealen dienen.
Das Dumme daran ist nur, dass sich die wenigsten
Menschen gerne lebenslang formen lassen – oder
sich in den Dienst der Ideen ihres Partners stellen.
Wo es funktioniert, ist die Kastanie ein beständiger,
zuverlässiger Partner. Wo es nicht funktioniert, verlässt sie frustriert den Ort des Geschehens. „Wieder
ein Partner, wo der Schein das Sein überragt" denkt
sie sich und wendet sich enttäuscht ab. Lange allein
bleibt die Kastanie deswegen nicht.

Sie ist schließlich so charmant und überzeugend,
dass sich bald ein neuer Partner findet.

Im Idealfall findet eine Kastanie nach einer ersten
Phase des Sturms und Drangs einen Menschen,
mit dem sie eine Familie gründen kann. Der bleibt
sie ein Leben lang verpflichtet, auch wenn sich
ihre anderen Interessen wieder dem Verbessern
der Welt zuwenden. Und diese Verpflichtung beinhaltet in aller Regel auch Treue. Zu echten Parallel-
beziehungen fehlt der Kastanie in aller Regel der
innere Antrieb. Untreue reduziert sich – wenn
überhaupt – auf ein Abenteuer am Rande.

Die Esche

Eine Strebsame

DATUM IM JAHRESKREIS:
22.11. bis 1.12. und 25.5. bis 3.6.

NUMEROLOGISCHE ZAHL: 3

ENERGIE: fordernd und fördernd

ELEMENT: Feuer

FARBE: Hellblau

EDELSTEIN: Beryll

ZENTRALER WIRKUNGSBEREICH: eigenes Emporkommen

MEDIZIN: Tee gegen Rheuma und Gicht, Abführmittel

MOTTO: Im Erfolg liegt Freiheit.

SEHNSUCHT: der starke, erfolgreiche Partner

Vom Baum zum Symbol

Mit 35 bis 45 Metern Höhe gehört die Esche zu den höchsten Bäumen unserer Breiten. Mitten in Wäldern fühlt sie sich unwohl, an Waldrand und Flussufern gedeiht sie dagegen prächtig. Da ihre Wurzeln Uferböschungen befestigen, wird sie bis heute an derartigen Stellen gerne gesehen. Wahrscheinlich ist auch dies der Grund, warum die Kelten der Esche Macht über das Wasser zuschrieben, sie für Wetterzauber oder Rituale zur Besänftigung des Wassers einsetzten und Schiffskiele aus ihr formten. Schon aufgrund ihrer Größe galt die Esche als Baum der männlichen Tugenden wie Ehrgeiz, Kraft und Freiheitsliebe. Da Speere, Lanzen und Bogenwaffen aus Eschenholz gefertigt wurden, stand der Baum für Kampf und Durchsetzungsfähigkeit. Er war aber auch in Erinnerung an die gefallenen Kämpfer ein Zeichen für Vergänglichkeit und Tod im Dienste der Allgemeinheit.

Neben dieser Nähe zu Tod und Wiedergeburt ist die Esche als Partnerin des Wassers aber auch mit den Auswirkungen von Emotionen vertraut; sie festigt die Erde, jenen nährenden Schoß, der dem nach Größe strebenden Baum erst seinen Halt gibt.

Auch der Kraft spendende und schützende Aspekt der Esche war für die Kelten von großer Bedeutung. Von einigen Eschenarten wurde eine zuckerhaltige Substanz gewonnen. Die Blätter und zarten Zweige dienten Ziegen, Schafen und Kühen als Nahrung. Es hieß sogar, dass Eschenlaub das Vieh vor Krankheit schütze.

Im Licht der Esche

Im Zeichen der Esche geborene Menschen streben zum Licht. Und dieses Licht suchen sie meist ein Stück oberhalb der Ziele, die sich andere Menschen in ihrer Umgebung stecken. In aller Regel erreichen sie diese ambitionierten Ziele auch, da sie über entsprechende Talente verfügen und entsprechend fleißig sind. Zudem beherrschen Eschen die hohe Kunst der Koalition, das heißt, sie verfügen über das Geschick, sich mit Menschen zusammenzutun, die über ähnliche Interessen verfügen. Von ihnen lassen sie sich gerne ein Stück des Weges begleiten und unterstützen. Eine Esche sucht daher auch nicht die Nähe anderer Menschen, um sich zu amüsieren. Sie geht in Gesellschaft, um ihr persönliches Netz um die eine oder andere Person zu verstärken. Dabei liegt Eschen nicht besonders viel an Luxus und Glanz. Sie lieben die Freiheit, die für sie am Gipfel des Erfolges liegt.

Macht und Einfluss sind für sie nur ein Mittel zum Zweck. Und diese steuert sie kompromisslos und direkt an. Das Auftreten der menschlichen Esche ist in aller Regel auffallend. Es handelt sich um extravagante Erscheinungen, die sich in Gesellschaft glänzend in Szene setzen. Man erkennt gleich, dass es diesen kraftvollen Geschöpfen nicht an Selbstbewusstsein mangelt. Gleichzeitig zeigen sie sich aber erstaunlich anpassungsbereit. Eine Esche weiß, dass ambitionierte Ziele großen Einsatz erfordern und tritt entsprechend bereitwillig auch in die zweite Reihe zurück, wenn ihr dies sinnvoll erscheint. Unter hohle Autoritäten beugt sie sich dagegen so gut wie nie. Andere müssen ihr schon deutlich vermitteln, dass sie etwas können oder etwas wissen, was die Esche braucht, um ihren Zielen näher zu kommen.

Im Schatten der Esche

Eschen sind wie erwähnt außergewöhnlich ehrgeizige, imposante und selbstbewusste Erscheinungen. Machtgier, Selbstsucht und rücksichtsloses Streben nach Erfolg, so lauten die häufigsten Vorwürfe, mit denen sich Eschen konfrontiert sehen. Was Kritiker dabei häufig übersehen, ist der Umstand, dass Eschen in aller Regel ihr Umfeld großzügig an den eigenen Erfolgen teilhaben lassen. Zumindest, solange keine Gefahr besteht, dass sich diese Menschen über sie erheben könnten. Trotzdem haftet der Esche ein gewisser Hauch der Egozentrik an. Das mag mit ihrem extravaganten Erscheinungsbild ebenso zu tun haben wie mit ihrem kompromisslos nach oben gerichteten Streben. Eschen kommen nicht einfach in einen Raum, sie erscheinen. Dabei prallen Angriffe und Sticheleien scheinbar wirkungslos an ihnen ab. Kalt sind sie deswegen aber nicht, nur beherrscht. Eine Esche weiß um die Macht von Gefühlen und kontrolliert sie lieber, bevor sie zerstörerische Dammbrüche zulässt.

Beruf und Berufung

Eschen scheinen wie geschaffen für den Aufstieg in großen Konzernen oder den gehobenen Dienst bei Vater Staat. Sind sie doch zunächst sehr anpassungsfähig und lassen sich auch andere Ideen und Gestalten aufpfropfen, nur um auf Sicht selber nach oben zu kommen. Andererseits stehen ihr angeborenes Selbstbewusstsein und der Hang zur Extravaganz dem klassischen Karriereweg oft auch im Weg.

Am ehesten findet man Eschen in Positionen, wo sie für ihr Unternehmen höchst erfolgreich Hof halten, oder als erfolgreiche Freiberufler mit einem Büro im besten Bezirk der Stadt. Auch in künstlerischen Bereichen ist die Esche präsent.

Da Eschen in aller Regel einen überdurchschnittlichen Weitblick entwickeln, Probleme bereits erahnen, bevor sich erste Anzeichen zeigen, und darüber hinaus die Begabung besitzen, trotzdem spontan zu agieren, sind sie auch für heikle Projekte und komplexe Planungsaufgaben prädestiniert. Wer etwas so Schwieriges plant wie den Bau einer FKK-Hotelanlage im Persischen Golf oder eines Casinos im Vatikan, der setzt am besten eine Esche darauf an und sagt ihr, dass damit viel Macht, Geld und Ehre zu verdienen sind. Sie wird die richtige Mischung aus unnachgiebiger Stärke, gekonntem Gefühlsmanagement und faszinierendem Auftreten an den Tag legen, um auch die Skeptiker von ihrem Vorhaben zu überzeugen.

Eschen-Beziehungen

Die Esche lebt männliche Tugenden auf eine sehr kompromisslose, wenngleich nie gefühlskalte Art und Weise. Unabhängig vom tatsächlichen Geschlecht kämpft sie um männliche Ziele wie Ruhm, Ehre und Macht. Das tut sie allerdings nicht zwingend allein. Eschen träumen vom starken Partner an ihrer Seite, mit dem sie am liebsten gemeinsam die Gipfel des Erfolges erklimmen, um dort die Luft der vollkommenen Freiheit und Unabhängigkeit von materiellen Nöten atmen zu können. Stark muss er allerdings sein, dieser Mensch an ihrer Seite, sonst halten sie sich nicht lange mit ihm auf.

Die Eiche ist für sie ein Traumpartner, mit dem tut sie sich auch in der Natur des Öfteren zusammen, weiters mit Buchen oder den im keltischen Baumkreis nicht vertretenen Erlen. Insgesamt verkörpert die Esche jene feste, kraftvolle Basis, durch die sich die Tugenden überhaupt erst entwickeln können – manchmal tritt sie auch als „starke Frau hinter einem erfolgreichen Mann" in Erscheinung. Meist kümmert sie sich allerdings mehr um das eigene Fortkommen und geht stillschweigend davon aus, dass Partner und Kinder aus dem gleichen Holz geschnitzt sind wie sie selbst.

Die Hagebuche

Der Robin Hood unter den Bäumen

DATUM IM JAHRESKREIS:
2. bis 11.12. und 4. bis 13.6.

NUMEROLOGISCHE ZAHL: 4

ENERGIE: aufnehmend und nährend

ELEMENT: Erde

FARBE: Schwarz/Weiß

EDELSTEIN: Magnetit

ZENTRALER WIRKUNGSBEREICH: der Schutz der Schwachen

MEDIZIN: zerriebene Blätter gegen depressive Verstimmungen

MOTTO: Gerechtigkeit ist unteilbar und verträgt keine Kompromisse.

SEHNSUCHT: Zugehörigkeit und Frieden

Vom Baum zum Symbol

Auf den ersten Blick ist die Hain- oder Hagebuche kein besonders spektakulärer Baum, doch sie besitzt das härteste Holz, das ein heimisches Gewächs hervorbringt. Daher hieß sie auch in der Antike und im Mittelalter „Eisenholz". Im Wald harrt sie als verkrüppelter Winzling aus, um bei der ersten sich bietenden Chance nach dem Umstürzen eines alten Baumriesen in die Höhe zu streben. Selbst in dichtesten Nadelwäldern erobert sie so irgendwann ihren Platz. Kultiviert dient sie entweder als Nutzholz, das nach 15 bis 30 Jahren geschlagen werden kann, und treibt nach kurzer Zeit wieder aus. Oder sie schützt zur Hecke gestutzt Felder und Gärten vor Wind und Wetter. Ihr altes Laub verliert sie meist erst spät im Frühjahr, wenn andere Hölzer bereits wieder reichlich belaubt sind.

Schon die Kelten kultivierten die Hagebuche als Einfriedung rund um ihre Höfe und die Weiden ihrer Tiere und erblickten in ihr den treu ergebenen Diener, der unabhängig vom eigenen Nutzen loyal zur Verfügung steht. Zudem gehörte sie gemeinsam mit der Haselnuss und dem Holunder zu den Begleitern der magischen Frauen, deren Kräutergärten von Hagebuchen umsäumt waren. Aus dem Holz wurden Waffen und Werkzeuge, aber auch Ölpressen und Mühlräder gezimmert.

Im Licht der Hagebuche

Menschen, die im Zeichen der Hagebuche geboren wurden, sind bedingungslos loyal. Für ihre Familie, ihre Freunde oder ihre Firma setzen sie sich bis zur Selbstaufgabe ein, versuchen dabei, die Schwächen der anderen auszugleichen und ihre Stärken ins rechte Licht zu rücken. Dabei nehmen sie relativ wenig Rücksicht auf eigene Interessen oder Gefühle. Im Grunde geht es der Hagebuche dabei aber weniger um Regeln und Werte als um Toleranz und Ausgleich. Hagebuchen leben dafür, dass alle zu ihrem Recht kommen.

Die Hagebuche steht für bedingungslosen Einsatz, Loyalität und den uneigennützigen Dienst am Nächsten. Sie schützt den Schwächeren, auch wenn er sich schuldig gemacht haben sollte.

Sie fordert Gerechtigkeit, auch wenn sie dadurch ungerecht behandelt werden sollte. Kurz, sie ist ein Mensch, der zum Schwert greift, um Frieden und Ausgleich zu erkämpfen.

In ihrem Kampf kommen der Hagebuche Eigenschaften wie ein ausgeprägter analytischer Verstand, Opferbereitschaft und eine klare Vorstellung von Gerechtigkeit und Ordnung zugute. Alles in allem klingt das recht anstrengend, allerdings verfügen Hagebuchen meist über eine gehörige Portion Humor, was ihren Aktionen zunächst einmal die Schärfe nimmt. Aber wehe, das Gegenüber versteht den verpackten Wink mit dem Zaunpfahl nicht. Dann kann die Hagebuche auch ordentlich verletzen – aber selten für sich, häufig im Dienste anderer.

Im Schatten der Hagebuche

Die Schatten der Hagebuche-Geborenen sind die typischen Schatten, die ein Idealist wirft, wenn ihm das rechte Maß abhanden kommt. Hagebuchen sind bis zur Selbstaufgabe loyal und so gerecht, dass es oft schon an Ungerechtigkeit grenzt. Im Licht mag die Hagebuche noch wie ein Robin Hood wirken, der mit Humor und Augenzwinkern den Tyrannen übertölpelt und den Armen zu ihrem Recht verhilft. Im Schatten ist sie eher wie Michael Kohlhaas, der mordend und brandschatzend eine Spur der Verwüstung hinter sich ließ, obwohl auch er ursprünglich nichts weiter als Gerechtigkeit im Auge hatte.

Sich selbst schonen Hagebuchen bei ihren Bemühungen am wenigsten. Kommt dann der Zusammenbruch, ist er oft endgültig, weil keine Energiereserven für Erholung übrig sind. Dann werden sie krank oder depressiv. Auch wenn sich Hagebuchen auf der Suche nach Ausgleich und Fairness so weit ins Abseits stellen, dass sie „aus dem Spiel" sind, fallen sie in dunkle Löcher, weil sie den eigenen Anteil am Geschehen nicht sehen können.

Doch das passiert nicht oft. Im Grunde haben sie gute Umgangsformen und wissen es zu würdigen, wenn man ihnen einen Schritt entgegenkommt.

Beruf und Berufung

Hagebuchen finden sich oft in sozialen und therapeutischen Berufen. Und das ist auch gut so. Denn während viele andere Typen, die diesen Berufsweg gehen, vor allem weich und nachgiebig sind, bringt die Hagebuche eine Standfestigkeit mit, die ihren Klienten hilft, sich wieder im Leben zurechtzufinden. Ihr Schutz ist ein doppelter: Einerseits schirmt sie ihre Schützlinge vor der rauen Wirklichkeit ab, andererseits konfrontiert sie sie aber auch immer wieder mit den Notwendigkeiten des Lebens und fordert Eigeninitiative ein. Vor allem bei der Arbeit mit verhaltensauffälligen Jugendlichen ist die Hagebuche so schnell von keinem anderen Baum-Typ in ihrer Wirksamkeit zu übertreffen. Sind sie in öffentlichkeitswirksamen Bereichen beschäftigt, nutzen Hagebuchen ihre Bekanntheit, um Notleidenden zu helfen. In Unternehmen dienen sie überdurchschnittlich oft als Betriebsräte oder Vertrauensleute. Als Chef ist die Hagebuche überaus beliebt, stellt sie sich doch reflexartig vor ihre Mitarbeiter, wenn etwas schiefgegangen ist. Dass sie dann hinterher durchaus den Fehlern auf den Grund geht, tut diesem Schutz nach außen keinen Abbruch. Und passiert ein Fehler ein zweites Mal, wird die Hagebuche im Zweifel noch immer auf der Seite des „Sünders" stehen, geht sie doch davon aus, dass ihm der Fehler nun auch doppelt unangenehm ist. Bis ganz an die Spitze von Unternehmen schafft sie es deshalb allerdings nur selten. Unser Wirtschaftssystem verzeiht Fehler oft schon beim ersten Mal nicht.

Hagebuchen-Beziehungen

Hagebuchen sind beliebte Partner. Man spürt einfach instinktiv, dass man sich auf diesen Menschen in guten wie in bösen Zeiten verlassen kann. Da sie zudem oft witzige und charmante Seiten zeigen, haben sie oft mehr Optionen, als ihnen lieb ist. Wer das Herz einer Hagebuche erobern will und potentielle Rivalen ausstechen muss, zeigt sich am besten von seiner verletzlichen Seite. Das weckt den Beschützerinstinkt der Hagebuche. Wem das nicht liegt, kann sich auch als starker Partner im Kampf um Ausgleich und Fairness positionieren. Aber wie gesagt, das ist in aller Regel nur der zweitbeste Weg das Herz einer Hagebuche zu erobern.

Mit einem muss man allerdings zurecht kommen, wenn man an der Seite einer Hagebuche leben will: Traute Zweisamkeit wird man nur selten erleben. Es wird immer jemanden geben, der die Zuwendung, den Schutz und die besondere Aufmerksamkeit der Hagebuche auf sich zieht. Grund zur Eifersucht besteht jedoch nicht, da die Hagebuche ein besonders zuverlässiger, loyaler Partner ist. Trotzdem schmerzt es, wenn der Partner mehr an seine Schutzbefohlenen denkt als an den Menschen an seiner Seite.

Die Feige

Die süße Qual

DATUM IM JAHRESKREIS:
12. bis 21.12. und 14. bis 23.6.

NUMEROLOGISCHE ZAHL: 2

ENERGIE: aufnehmend und nährend

ELEMENT: Wasser

FARBE: leuchtendes Rot

EDELSTEIN: Edelopal

ZENTRALER WIRKUNGSBEREICH: der innere Dialog

MEDIZIN: verdauungsfördernd

MOTTO: Das Leben ist ein ewiges Auf und Ab.

SEHNSUCHT: Wärme und Geborgenheit

Vom Baum zum Symbol

Feigen existierten bereits zur Zeit der menschlichen Urgeschichte in Mitteleuropa, wie archäologische Funde aus Frankreich und Italien belegen. Allerdings war der sonnenhungrige und frostempfindliche Baum auf die warmen Regionen des Kontinents beschränkt.

Die Kelten der kühleren Regionen kannten die süße Frucht aus ihren Handelsbeziehungen mit dem Mittelmeerraum; von den Römern erwarben sie sie getrocknet und gemeinsam mit gerösteten Sesamsamen, Anis, Fenchel und Kümmel zu einer Nascherei verknetet. Kein Wunder also, dass die Feige aufnehmende und nährende Lust, Wohlstand und ein leichtes Leben symbolisierte. Allerdings stand sie auch im Ruf der Undankbarkeit, vielleicht, weil sie bei regelmäßigem Gießen weniger Früchte trägt.

Im modernen keltischen Baumkalender steht die Feige für eine sehr explosive Mischung aus Individualität, die keinen Widerspruch duldet, und Sensibilität. Manchmal überschreitet man an Feigentagen die Grenze zwischen Empfindsamkeit und Empfindlichkeit. Dann hilft es, sich zu erinnern, dass die Süße des Lebens ein Geschenk ist, das erst durch das Bittere wirklich bemerkbar wird.

Im Licht der Feige

Menschen, die während der Tage der Feige geboren wurden, sind Extremisten in eigener Sache. Alles, was um sie herum passiert, löst in ihnen extreme Gefühle aus. Sie leben hundertprozentig – entweder glücklich oder betrübt, im schnellen Wechsel. Es ist fast so, als bräuchten sie den herben Beigeschmack, um die Süße des Lebens wirklich auskosten zu können. Die Feige selbst liebt diese Vielfalt des Lebens und fügt sich geduldig in die Tiefen, weil sie instinktiv weiß, dass schon bald wieder Höhen kommen. Das macht sie zu einem unverbesserlichen Optimisten.

Selbst wenn es Feigen nicht besonders gut geht, versprühen sie ungeheuren Optimismus und sorgen für Frohsinn in ihrer Umgebung. Das machen sie auf ganz unaufdringliche Art.

In der Gesellschaft einer Feige spüren andere instinktiv, dass das Leben schön ist, auch wenn äußere Einflüsse dagegensprechen. Feigen verbreiten eben diese Mischung aus Feingefühl und Liebe zum Leben.

Aufrichtige Freundschaft ist Feigen ganz besonders wichtig. Sie selbst legen zwar viel Wert auf ihr Äußeres. Hegen sie jedoch den Verdacht, dass man sie als Aufputz missbraucht, reagieren sie unwirsch und zurückweisend. Ihr ästhetisches Empfinden legen sie in die Sprache. Wer mit einer Feige rüde oder ordinär spricht, muss damit rechnen, dass sie ihm wortlos den Rücken kehrt. Wie kaum ein anderer kann sie mit ihrer feinfühligen Wortwahl Empfindungen in anderen anklingen lassen, die sonst tief im Unterbewussten verborgen bleiben.

Im Schatten der Feige

Die Feige gehört zu jenen Vertretern des Baumkreises, die oft verkannt werden. Häufig verwechselt man ihre Empfindsamkeit mit Überempfindlichkeit und wirft ihr mangelndes Rückgrat vor. Tatsächlich können Feigen nur schwer mit Kritik und Widerspruch umgehen. Daher reicht es oft, ihnen Überempfindlichkeit vorzuwerfen, um diese tatsächlich zu erzeugen. Dann reagiert sie unverhältnismäßig harsch. Auf Feigen trifft Eugen Roths Vergleich mit dem rohen Ei ganz besonders zu: „Sie ist ihr eigenes Gleichnis so: empfindlich aber selber roh!"

Um sich wirklich zu entfalten, benötigt die Feige überdurchschnittlich viel menschliche Wärme. Wenn man ihr nicht permanent sagt, wie wichtig sie für ihre Umgebung ist, wie wertvoll ihre Person und wie schön der grundsätzliche Tatbestand ist, dass sie auf dieser Welt ist, beginnt sie zu verkümmern. Anderen Charakteren wird so eine intensive Seelenpflege schnell zu mühsam.

Obwohl die Stimmungen der Feige schnell kippen, tut sie sich mit rasch wechselnden Emotionen ihrer Umgebung sehr schwer. Feigen sind nicht besonders flexibel, sie benötigen einen stetigen, warmen Strom der Zuwendung. Fehlt dieser, reagiert die Feige launisch und mitunter sogar ziemlich unbeherrscht. Neue Aufgaben und Anforderungen überfordern sie schnell. Und wo man ihr den Rückzug abschneidet, den sie braucht, um mit dem Leben zurechtzukommen, wird sie mitunter sogar aggressiv.

Beruf und Berufung

Feigen sind feinsinnige Künstlernaturen, die einen Beruf brauchen, in dem sie träumen können. In kreativen Bereichen wie der Musik- oder der Werbebranche sind Feigen die stillen Genies im Hintergrund, die Lieder komponieren oder Werbetexte schreiben, ohne jemals selber im Rampenlicht zu stehen. Sie benötigen klare Anweisungen, was bis wann zu erledigen ist. Und dann sollte man sie tunlich in Ruhe lassen, damit sie ihr gesamtes kreatives Potenzial entfalten können.

Da sie gegen die rauen Töne des modernen Wirtschaftslebens eher abgeschottet werden sollten, machen Feigen selten große Karrieren. Ausnahmen bestätigen wie so oft natürlich auch bei ihnen die Regel.

Aber jene Feigen, die groß herauskommen, tun dies eher in solchen Bereichen, in denen sie sich auch immer wieder eine Auszeit nehmen und sich vom anstrengenden Berufsalltag erholen können.

Eine ganz besondere Begabung hat übrigens schon so manche Feige zu außergewöhnlichen Erfolgen geführt: Diese Spezies Mensch hat eine besonders feine Zunge, was sie als Koch, Sommelier oder Gourmetkritiker ganz besonders geeignet erscheinen lässt. Dass sie dabei mit ihrer Meinung allein steht, stört sie nicht. Auf ihre Zunge verlässt sie sich einfach, denn sie weiß in vielerlei Hinsicht, was gut und was weniger gut schmeckt.

Feigen-Beziehungen

Feigen sind sinnliche Partner, mit denen sich trefflich das Kamasutra in allen Details erforschen lässt. Dass sie es mit der Treue nicht allzu ernst nehmen, ist der Wermutstropfen dabei. Wobei Feigen keine aktiven Jäger sind. Viel eher gefallen sie sich in der Rolle des Gejagten, der sich erst nach hinhaltendem Zaudern verführen lässt.

Misstrauische Kontrolle ist sicher der falsche Weg, um Feigen bei der Stange zu halten. Vielmehr sollte man ihnen das Gefühl geben, in den eigenen vier Wänden begehrt zu werden, und sie mit immer neuen Verführungskünsten überraschen.

Bei der Feige geht Liebe auch durch den Magen. Das romantische Abendessen bei Kerzenlicht bleibt auch nach langjähriger Beziehung mit einer Feige nicht ohne Wirkung. Und der gemeinsame Einkaufsbummel, bei dem nach ebenso kleidsamen wie kuscheligen Kleidungsstücken gesucht wird, ebenfalls nicht. Wenn ein solcher Tag mit einem Konzert- oder Theaterbesuch endet, fühlt sich die feinsinnige Feige ringsum wohl und begehrt.

Die Buche

Die Gesetzgeberin

DATUM IM JAHRESKREIS: 22.12.

NUMEROLOGISCHE ZAHL: 4

ENERGIE: aufnehmend und nährend

ELEMENT: Erde

FARBE: Dunkelblau

EDELSTEIN: Bergkristall

ZENTRALER WIRKUNGSBEREICH: die Ordnung in der engeren Gemeinschaft

MEDIZIN: entzündungshemmende Ölumschläge

MOTTO: Ordnung ist das halbe Leben.

SEHNSUCHT: Anerkennung durch die Gesellschaft

Vom Baum zum Symbol

Zur Blütezeit der keltischen Kultur bedeckten ausgedehnte Buchenwälder große Teile Europas. Unter den hohen, erst in den Kronen Äste ansetzenden und dicht belaubten Bäumen schien es wie in einer anderen Welt. Kaum ein Lichtstrahl drang durch die dunkelgrünen Kuppeln. Sie erinnerten an die Beschränkung auf das Notwendige und die Konzentration auf das Wesentliche.

Den Kelten fiel die Ausdauer und die Rücksichtslosigkeit dieser Baumriesen auf, die in enger Gemeinschaft lebten, aber anderen Arten oder dem eigenen Nachwuchs nur eine Chance gaben, wenn das eigene Leben zu Ende war.

So verbanden sie mit dem Baum Strenge und Selbstdisziplin, aber auch Durchsetzungskraft im Kampf um die Existenz. Während diese Eigenschaften in unserer Zeit oft mit gemischten Gefühlen betrachtet werden, erlebten die keltischen Völker sie als Quelle von Selbstsicherheit und geistiger wie körperlicher Kraft.

Die majestätische Buche erschien ihnen so in sich ruhend, dass sie mit ihr tiefe Weisheit verbanden und sie als Orakelbaum nutzten. Aus Buchenholz schnitzten die Druiden die Holzstäbe, die sie warfen, um bestimmte Entwicklungen vorherzusagen. Diesen verdankt der „Buchstabe" seinen Namen.

Im Licht der Buche

Menschen, die im Zeichen der Buche geboren wurden, trifft man nicht häufig, denn immerhin regiert dieser majestätische Baum nur an einem einzigen Tag den keltischen Baumkreis. Eine singuläre Stellung, die er mit der Eiche, der Birke und dem Olivenbaum teilt. Es sind starke, autarke Menschen, die die Gemeinschaft anderer suchen – nicht, weil sie auf sie angewiesen wären, sondern weil sie glauben, ihren eigenen Wert vor allem im Kreis anderer erst richtig entfalten zu können. Buche-Geborene treten in aller Regel sehr selbstsicher und gefestigt auf. Sie verfügen über eine ungeheuer große Bereitschaft zur Selbstdisziplin und Genügsamkeit. So macht es ihnen überhaupt nichts aus, lange Jahre auf die Annehmlichkeiten des Lebens zu verzichten, wenn sie sich dadurch am Ende einen Lebenstraum erfüllen können. So bauen Buchen beispielsweise Häuser, die Generationen hindurch bewohnbar sind oder gründen Organisationen, die auch noch nach ihrem Tod ihre Werte und Lebenserkenntnisse bewahren und pflegen.

Produktivität, so lautet das Credo der Buche ihr Leben lang. Sie erträgt es kaum, untätig herumzusitzen und das Leben einfach nur zu genießen. Wenn Buchen vor dem Fernseher sitzen, dann handelt es sich in aller Regel um eine Sendung, die zu ihrer Information und Weiterbildung beiträgt; lesen sie ein Buch, dann am liebsten ein Sachbuch, dessen Inhalte sich auch gleich beruflich verwenden lassen.

Im Schatten der Buche

Ordnung ist das halbe Leben, scheinen sich Buchen permanent zu denken und richten ihr Leben und das Leben ihrer Familie konsequent an ihren Werten aus. Auf die Gefühle der anderen nimmt die Buche dabei keine Rücksicht – hat sie doch auch für eigene Schwächen keinerlei Verständnis. Auf andere wirkt sie daher oft kalt und hartherzig und man wirft ihr gerne Rücksichtslosigkeit im Umgang mit ihren Mitmenschen vor. Was dabei völlig untergeht, ist der hohe Beitrag, den die Buche ja nicht zuletzt auch ihrer Gemeinschaft zur Verfügung stellt. Da sie aber selbst kaum in der Lage ist, die Früchte ihrer Arbeit zu genießen, wagen auch die Menschen ihrer Umgebung kaum, das Leben so zu genießen, wie es gerade ist.

In der Tat leben Buchen vor allem für die Zukunft und verlieren dabei aus dem Auge, dass man nur in der Gegenwart leben kann. Fragen sie eine Buche einmal, wie viele Menschen sich wohl auf ihrem Totenbett wünschen, mehr gearbeitet zu haben. Auch Buchen werden eingestehen, dass es solch einen Menschen wohl nicht gibt – aber die Verblüffung ist trotzdem nur kurz und beeinflusst das weitere Verhalten eines typischen Buche-Geborenen kaum. Ihre Überzeugung, dass Werte, Konventionen und Regeln wichtiger sind als das Lebensglück, wurzelt zu tief.

Beruf und Berufung

Buchen sind fleißige, disziplinierte und produktive Arbeiter. Da sie sich wie kaum eine andere Spezies strikt auf das Notwendige konzentrieren und alles überflüssige Beiwerk weglassen, setzen sie sich auch in aller Regel in so gut wie allen Branchen durch. Allerdings machen sie sich bei Mitarbeitern und Kollegen damit nicht unbedingt beliebt. Und auch die Vorgesetzten schätzen zwar den Fleiß, die Zuverlässigkeit und Ausdauer der Buche, beklagen aber gleichzeitig die wenig ausgleichende Art dieses Vielarbeiters. Als Chef ist die Buche auch nicht beliebt. Wenn sie führt, dann über das eigene Vorbild. Aktive Förderung ihrer Mitarbeiter kommt ihr dabei kaum in den Sinn.

Die mangelnde Beliebtheit gleitet an der Buche keineswegs unbemerkt ab. Sie leidet darunter, vor allem, weil sie dadurch das Gefühl bekommt, dass ihre Leistungen nicht gebührend anerkannt werden. Daher fühlt sie sich als Einzelkämpfer oder Unternehmer eines kleinen Betriebes in aller Regel am wohlsten. Hier kann sie nach ihren eigenen Regeln schalten und walten und nur jene in ihrem unmittelbaren Umfeld tolerieren, die mit ihrer Art zurechtkommen und ihr dabei sogar noch Respekt zollen.

Da Buchen aber gleichzeitig nicht gerne allein sind, engagieren sich viele von ihnen parallel in beruflichen Interessenverbänden oder in Netzwerken unabhängiger Partner. Wobei sie auch dort auf Sicht nur jene um sich dulden, die sich aus eigener Kraft durchsetzen und ihren Erfolg auf die gleiche Basis von Selbstdisziplin, Ausdauer und Fleiß stellen.

Buchen-Beziehungen

Wer von seinem Partner Fleiß, Ausdauer und Zukunftsorientierung erwartet, dem geht es an der Seite einer Buche gut. Wer dagegen tägliche Liebesschwüre, regelmäßige gemeinsame Freizeitaktivitäten und einen gewissen Luxus braucht, der sollte lieber nach einem anderen Partner Ausschau halten. In der Beziehung mit einer Buche das süße Leben kosten zu wollen, ist ein ziemlich aussichtsloses Unterfangen. Dafür darf man sich sicher sein, dass mit einer Reihe von Lebensversicherungen gut für eine wie auch immer geartete Zukunft gesorgt wird. Auch als einfühlsamer Seelentröster ist die Buche eine glatte Fehlbesetzung.

Selbstmitleid macht sie ungeduldig und Mitleid erregendes Gejammer treibt sie in die Flucht.

Von den eigenen Kindern wendet sich der Buche-Geborene enttäuscht ab, wenn sie zu Rebellentum neigen oder die Konventionen der Elterngeneration in Frage stellen. Dann stellt die Buche jegliche Form von Unterstützung ein. Die Partner einer Buche sind da stark gefordert, ausgleichend zu wirken – was sich aber in aller Regel als zweckloses Unterfangen zeigt.

Der Apfelbaum

Die reine Weiblichkeit

DATUM IM JAHRESKREIS:
23.12. bis 1.1. und 25.6. bis 4.7.

NUMEROLOGISCHE ZAHL: 6

ENERGIE: aufnehmend und nährend

ELEMENT: Wasser

FARBE: Altrosa

EDELSTEIN: Rosenquarz

ZENTRALER WIRKUNGSBEREICH: die universelle Liebe

MEDIZIN: stärkt das Immunsystem

MOTTO: Freunde, das Leben ist lebenswert!

SEHNSUCHT: Vereinigung der Gegensätze

Vom Baum zum Symbol

Mit dem Apfelbaum ist das so eine Sache. Wie kaum ein zweiter wird er heute in seiner symbolischen Kraft von der griechisch-römischen Welt und unserem christlichen Weltbild beeinflusst. Der Apfel als Baum der Aphrodite gilt als Symbol für aufnehmende und nährende Schönheit, Flirt, Erotik, Anmut und Charme. Als Bild des Baumes der Sünde steht er für Sündenfall und Erotik. Interessanterweise beschränkt sich diese Zuschreibung aber nicht auf den Mittelmeerraum der Antike und auf das jüdisch-christliche Weltbild. Auch Japaner und Chinesen interpretieren den Apfel und seine Blüte seit Jahrtausenden ähnlich.

Im Heiligen Römischen Reich Deutscher Nation stand er darüber hinaus für Macht. Der Kaiser zeigte seinen Anspruch auf die Weltherrschaft durch den Reichsapfel, der für den Erdball stand.

Wie dem auch sei, den Kelten war die Kugelform der Erde unbekannt, imperiale, hellenistisch-römische oder deutsche Machtansprüche hatten sie auch nicht, aber sie lebten mit ihren Bäumen. Und der Apfelbaum gehörte dazu. Fakt ist, dass er bereits von ihnen als Kulturobst kultiviert wurde. Darüber hinaus spricht viel dafür, dass er zu den sieben heiligen Bäumen gehörte, die keiner zu fällen wagte.

Speziell stand und steht der Apfelbaum für Schönheit, Erotik und die Vollendung sowie die liebevolle Verbundenheit mit allem, was ist.

Im Licht des Apfelbaums

Wer in den Tagen nach Sommer- und Wintersonnenwende in den Tagen des Apfelbaums geboren wurde, ist ein liebevolles und in aller Regel auch geliebtes Geschöpf. Das liegt nicht zuletzt an dem sonnigen Gemüt, mit dem diese Menschen auf diese Welt kommen. Sie interessieren sich für alles und jeden, und zwar auf eine offene und positive Art und Weise. Die inneren Spannungen, die den zweiten Obstbaum des keltischen Baumkreises, die Feige, noch in Wechselbäder der Gefühle stürzen, hat der im Zeichen des Apfels Geborene hinter sich gelassen. Er sieht vor allem die sonnigen, schönen Seiten des Lebens und begegnet seiner Umwelt entsprechend tolerant und aufgeschlossen. Dass er darüber hinaus noch sehr charmant ist, steigert seine Beliebtheit zusätzlich.

Festgeschriebene Verhaltensmaßstäbe und Konventionen sind dem Apfelbaum egal. Nicht, dass er sich dagegen auflehnen würde. Er versucht nur, daraus resultierende Einschränkungen oder Werturteile und ihre Folgen so gut es geht zu mildern. Daher ist er auch bei Menschen sehr beliebt, die mit den Anforderungen des Lebens im Allgemeinen oder mit denen ihrer Umgebung im Speziellen nicht zurechtkommen. Aus deren Misere schöpft er selber Kraft, denn sie zeigt ihm, dass es immer noch jemanden gibt, dem es schlechter geht als ihm selbst.

Es ist für Apfelbaum-Geborene überhaupt typisch, immer auch die gute Seite in etwas Unerfreulichem zu entdecken. Das schützt sie vor Enttäuschungen und depressiven Verstimmungen. Und das macht diese zart besaitet scheinenden Menschen in Wahrheit zu sehr widerstandsfähigen Geschöpfen. Dass sie darüber hinaus auch noch ständig in der Lage zu sein scheinen, neue Begabungen und Fähigkeiten bei sich zutage zu fördern, macht ihr Leben zusätzlich abwechslungsreich.

Im Schatten des Apfelbaums

Die positiven Seiten des Apfelbaums führen auch direkt zu seinen Schatten. Er lässt sich nämlich allzu leicht von anderen vereinnahmen. Dabei bemerkt er nicht, wie sich Geborgenheit und Fürsorge zunehmend in Abhängigkeit verwandeln. So gibt er dann oft mehr, als er eigentlich zu geben in der Lage ist und lässt sich nach Strich und Faden ausnutzen. Erst spät merkt er, dass er dem Schmarotzer, der ihn aussaugt, in Wahrheit nicht hilft. Aber dann ist es in aller Regel schon zu spät.

Die zweite Schattenseite ergibt sich ebenfalls aus dem Bedürfnis des Apfelbaums, geliebt zu werden. Er flirtet für sein Leben gern und verhält sich dabei mitunter ausgesprochen naiv. Sein Unvermögen, klare Grenzen zu ziehen, bringt ihn immer wieder in Situationen, die ihn überraschen und überfordern.

Außerdem sagt man Äpfeln nach, inkonsequent zu sein. Nur ungern bleiben sie lange bei einer Sache, locken doch viel zu viele andere angenehme Möglichkeiten. Sie lassen lieber den „lieben Gott einen guten Mann sein", bevor sie sich mit Selbstdisziplin zu vielen unangenehmen Dingen stellen.

Beruf und Berufung

Menschen, die im Zeichen des Apfelbaums geboren wurden, arbeiten besonders gerne und sehr erfolgreich für und mit anderen. Ihr ausgeprägtes Helfersyndrom lässt sie häufig in der Sozialarbeit landen, bei der sie allerdings an der notwendigen Abgrenzung häufig scheitern. Trotzdem sind das Licht und die Liebe, die sie in das Leben anderer Menschen tragen, von unschätzbarem Wert und für diese eine echte Bereicherung.

Gut aufgehoben sind Apfelbaum-Geborene auch in Bereichen, in denen es um Mode und Schönheit geht. Ihr ausgeprägtes ästhetisches Empfinden

kommt ihnen dabei ebenso zugute wie ihre diplomatische Art. Sie hilft ihnen dabei, Menschen vorsichtig darauf aufmerksam zu machen, wenn sie etwas haben wollen, was nicht zu ihnen passt.

In aller Regel wechseln Apfelbäume in ihrem Leben mehrfach den Beruf. Sie sehen ständig neue, verlockende Möglichkeiten, um sich zu verwirklichen. Einer großen Karriere steht das oft im Weg. Aber darauf kommt es ihnen ja auch gar nicht an, zumal der Weg nach oben ein gewisses Maß an Ellenbogentechnik voraussetzt, das sie einfach nicht aufbringen wollen.

Apfelbaum-Beziehungen

Apfelbaum-Geborene sind in aller Regel begehrte Partner, begegnen sie ihren Mitmenschen doch auf eine unnachahmbare charmante, freundliche und offene Art. Dass sie dies bei allen Menschen tun und nicht nur bei dem Einen, Auserwählten, macht die Beziehung mit ihnen allerdings etwas anstrengend. Und mit der Zeit fühlen sich dann viele Menschen an der Seite eines Apfelbaums von ihrem Partner vernachlässigt. Kümmert der sich doch mehr um die wirklichen und um die scheinbaren Nöte aller anderen und weniger um den Menschen, den er liebt. Da macht sich Eifersucht breit, auch, weil man ja permanent beobachtet, wie begehrt der Apfel ist.

Einen Fehler sollte man in einer solchen Situation keinesfalls machen: den Apfel mit Vorwürfen überschütten. Die kann er aus seiner Sicht nämlich überhaupt nicht nachvollziehen. Besser ist es, man nimmt sich ein wenig Zeit und bietet dem vielseitig interessierten und leicht entflammbaren Apfel eine Menge Abwechslung. Gemeinsame Einkaufstouren gehören da ebenso dazu wie ein verlängertes Wochenende in Paris, Rom oder Madrid. Nur vor etwas müssen Sie sich hüten: Äußern Sie kein Wort der Eifersucht oder der Kritik.

Die Tanne

Wächterin über das Mysterium Leben

DATUM IM JAHRESKREIS:
2. bis 11.1. und 5. bis 14.7.

NUMEROLOGISCHE ZAHL: 4

ENERGIE: aufnehmend und nährend

ELEMENT: Erde

FARBE: Gelb-braun

EDELSTEIN: Bernstein

ZENTRALER WIRKUNGSBEREICH: im Spannungsfeld zwischen Individuum und Gemeinschaft

MEDIZIN: Tannenwipfel als Wachstumshilfe für Kinder und Hustensirup

MOTTO: Keine Schwäche zeigen!

SEHNSUCHT: geborgen und trotzdem frei

Vom Baum zum Symbol

Heutzutage wird die Tanne als immergrünes Gehölz, das zudem stark mit Weihnachten und Christi Geburt verbunden wird, als Symbol für Unsterblichkeit und das ewige Leben betrachtet. Die symbolträchtige Geschichte der Tanne beginnt aber nicht erst mit dem Christentum. Die Kelten verwendeten sie neben Mistel und Hirschgeweih in ganz ähnlicher Bedeutung bei ihren Julfeiern zu Mittwinter.

Ursprünglich dürfte ihr Symbolgehalt aber noch ganz andere Aspekte beinhaltet haben, was bei genauerem Hinsehen natürlich wachsender Tannen offensichtlich wird. Einerseits war und ist die Tanne der „Soldat" unter den Bäumen, der schnurgerade dort wächst, wo man ihn pflanzt. Daher ist sie auch ein Zeichen für Stärke, Aufrichtigkeit, Geradlinigkeit und Ordnung. Andererseits ist die Tanne aber auch ein Bild für die Mutter, die Glucke, die unter ihren ausladenden, nach oben gebogenen Ästen Schutz und Geborgenheit gewährt.

Im Licht der Tanne

Menschen, die in den Tagen der Tanne geboren wurden, sagt man nach, stark, diszipliniert und geradlinig zu sein. Wie ihr Pendant im Wald stehen sie schnurgerade an jener Stelle, die das Leben für sie vorgesehen hat. Gefühle zeigen sie selten, dafür sind sie viel zu sehr damit beschäftigt, ihren Platz zu erobern. Tannen schwanken oft zwischen dem Bedürfnis nach Geborgenheit und jenem nach Unabhängigkeit. Dadurch entsteht ein inneres Spannungsfeld, das die Tanne zwar mit viel Energie versorgt, sie aber manchmal schier am Leben verzweifeln lässt.

Die Tanne ist wie kein zweiter Baum mit der Geburt und dem Schmerz, den dieses Mysterium für Mutter und Kind bereithält, verbunden. Erwachsene Tannen sorgen nicht nur für sich selbst, sie schützen und umsorgen die nachwachsenden Generationen und bieten den Menschen in ihrer Umgebung Geborgenheit und Unterschlupf. Im Haus einer Tanne ist der Kühlschrank immer gut gefüllt und steht freizügig jedem zur Verfügung, der Hunger hat. Gleichzeitig bietet die Tanne aber auch der Seele Nahrung und Wärme.

Eine Tanne lebt vor allem dann im Licht, wenn sie gewisse Prüfungen gut überstanden hat und sich klar darüber werden konnte, was wirklich wichtig ist in ihrem Leben. Tannen, die ihre Werte kennen und ihr Leben danach ausrichten, sind nicht nur äußerst erfolgreich bei allem, was sie tun. Sie verbreiten auch eine angenehme Atmosphäre um sich, so dass die Menschen instinktiv ihre Nähe suchen.

Im Schatten der Tanne

Allerdings müssen die meisten Tannen ein gewisses Alter erreichen, um tatsächlich im Licht zu leben. In der Jugend überwiegt oft der Schatten. Tannen-Kinder nehmen für sich die größtmögliche Geborgenheit in Anspruch, verkümmern, wenn sie sich nicht geliebt und umsorgt fühlen und werden relativ spät selbstständig. Das hindert sie jedoch nicht daran, sich in der Pubertät in heftige Rebellen zu verwandeln, die gewaltsam alles in Frage stellen – auch die Liebe der Eltern. Nur eines geben sie in dieser Zeit nicht auf: das Gefühl, dass sich das ganze Universum um sie zu drehen hat.

Solange die Tanne diese Phase nicht überwunden hat, wirkt sie auf ihre Umgebung oft egoistisch. Erst mit zunehmender Reife erwacht dann die Erkenntnis, dass es auch noch andere Menschen in ihrer Umgebung gibt. Dann entwickeln Tannen die geschilderten hellen Seiten. Wobei manche es damit so übertreiben, dass auch in diesem Licht wieder Schatten auftauchen. Manche Tannen benehmen sich nämlich wie allmächtige Übermütter, die ihre Umgebung mit ihrer Strenge und ihren Ansprüchen nach ihren eigenen Vorstellungen umformen wollen. Vor allem Menschen, die sich nie richtig von der eigenen Mutter abnabeln konnten, werfen der Tanne militante Mutterschaft vor.

Außerdem sagt man den Tannen gerne ähnlich wie den Buchen nach, in übertriebener Weise an Konventionen und Gesetzen zu kleben. Doch anders als den Buchen sind der Tanne gesellschaftliche Regeln im Grunde nicht wichtig. Sie halten sich nur daran, um möglichst unangreifbar zu sein. Tannen nutzen Konventionen, sie schaffen sie nicht. Aber auch das verstärkt mitunter den Eindruck, dass eine Tanne ihren Partner, ihre Kinder und ihre Freunde lieber untergehen sieht, als ihre hohen Ansprüche an sie aufzugeben.

Beruf und Berufung

Tannen sind beliebte Mitarbeiter, verfügen sie doch in aller Regel über einen ausgeprägten Verstand und den Willen zum Erfolg. Strebsam setzen sie sich für ihren Arbeitgeber ein, sind gegenüber Vorgesetzten und Kunden höflich und gegenüber Kollegen unauffällig. Haben sie es erst einmal nach oben geschafft, kann man ihnen auch gute Qualitäten als Chefs bescheinigen. Solange sich ihre Mitarbeiter an die Spielregeln halten, verschafft ihnen der Tannen-Chef ausreichend Platz zur eigenen Entfaltung.

Ideal sind Tannen-Geborene in all jenen Berufen, die Logik und Struktur erfordern. Vor allem als Gesetzes- und Ordnungshüter haben sie ihre Qualitäten. Durch die Nähe zum Thema Geburt finden sich Tannen auch häufig in der Geburtshilfe, sei es als Frauenärzte, sei es als Hebammen. Dabei kommt ihnen zugute, dass sie kein übertriebenes Mitleid zeigen und der Kreißenden damit eine wertvolle Begleitung sind. Sie wissen, dass die Geburt die größte Zumutung ist, die der Mensch in seinem Leben zu überstehen hat, dass es aber gerade dieser Geburtsschmerz ist, der die Basis für künftige Erfolge legt.

Auch als Seelsorger haben Tannen ihre Qualitäten; die Voraussetzung ist allerdings, dass sie ihre eigenen Urängste gut integriert haben und im Einklang mit ihren Werten leben. Und als Schriftsteller oder Philosophen nutzen sie die Gelegenheit, sich mit den Untiefen der menschlichen Natur auseinanderzusetzen, ohne dabei ausdrücklich Bezug zu den eigenen Gefühlen nehmen zu müssen.

Tannen-Beziehungen

Mit jungen Tannen hat man es als Partner schwer. Sie kämpfen noch mit dem Bestreben nach Unabhängigkeit und schlagen dabei mitunter über die Stränge oder nerven ihre Umgebung mit ihren Egoismen. Reifere Tannen sind dagegen angenehme Partner, die viel in die Beziehung zu investieren bereit sind. Manchmal investieren sie so viel, dass sie den Partner ungewollt einengen. Vor allem Apfelbaum-Geborene oder Birken-Geborene halten den Besitzanspruch, den eine Tanne mitunter entwickelt, nur schwer aus.

Im Grunde kann man aber mit einer erwachsenen Tanne gut umgehen, wenn man die hohe Kunst des verständnisvollen Schweigens beherrscht. Denn Tannen hassen belanglose Plaudereien, oberflächlich geäußerte Meinungen oder offensichtliche Schmeicheleien. Was eine Tanne sagt, ist gut durchdacht. Und diesen Anspruch hat sie auch an ihren Partner.

Die Ulme

Eine Quelle der Kraft und Zuversicht

DATUM IM JAHRESKREIS:
12. bis 24.1. und 15. bis 25.7.

NUMEROLOGISCHE ZAHL: 5

ENERGIE: fordernd und formend

ELEMENT: Luft

FARBE: Terrakotta

EDELSTEIN: Karneol

ZENTRALER WIRKUNGSBEREICH: die Gemeinschaft

MEDIZIN: Tee gegen Durchfall

MOTTO: Geben ist seliger als Nehmen.

SEHNSUCHT: die Rückkehr ins Paradies

Vom Baum zum Symbol

Die Ulme ist ein mächtiger Baum, der bis zu 40 Meter hoch und bis zu 500 Jahre alt werden kann. Er kommt einzeln oder in kleinen Gruppen vor, in der Zeit der Kelten wuchs er vor allem in der Gesellschaft von Eichen. Reine Ulmenwälder oder größere Ulmenhaine gab es dagegen so gut wie nicht. Ähnlich wie Eichenholz ist auch Ulmenholz sehr fest, gleichzeitig aber auch elastisch. Da die Ulme jedoch fast doppelt so schnell wächst wie die Eiche, stand sie für wirtschaftliche Nutzungen schneller zur Verfügung und war daher auch wirtschaftlich besonders interessant.

Da dieser Baum anderen Pflanzen weder das Licht noch das Wasser wegnimmt, gedeihen sie gut unter seiner Krone. Das erklärt, warum man der Ulme Toleranz und Sicherheit zuschrieb und sie als gelungene Verbindung von Solidarität und Individualität betrachtete. Gerade in Bezug auf die Ulme gilt: Was wir für die Gemeinschaft tun, kommt uns letztlich auch selbst zugute.

Durch ihr schnelles Wachstum, verbunden mit ihrem hübschen, gleichmäßigen Wuchs, stand die Ulme bei den Kelten für Anmut und Würde, aber auch für Zuversicht, Unterstützung und gute Gesinnung. Ulmen suchte man auf, um sich die Kraft für schwere Aufgaben zu holen, und zwar für körperliche ebenso wie für geistige.

Im Licht der Ulme

Menschen, die in den Tagen der Ulme geboren wurden, sind in sich ruhende, angenehme Zeitgenossen. Man sagt ihnen jene reife Form der Individualität nach, die nie auf Kosten anderer geht. Im Gegenteil, Ulmen-Geborene nehmen bei allem, was sie tun, automatisch Rücksicht auf ihre Umgebung. Sie sind fleißig und zuverlässig, und dennoch entfalten sie eine erstaunliche Kreativität. Ihr Verstand ist rege, ihr Intellekt scharf ausgeprägt. Mit diesem Rüstzeug gehen sie unbeirrbar ihren ganz eigenen Weg und lassen sich weder durch Vorschriften noch durch Kritik von dem abbringen, was sie einmal als richtig erkannt haben.

Ulmen-Geborene verfügen über die Ausstrahlung einer natürlichen Autorität, sodass sich andere Menschen ihnen gerne anschließen. Die Ulme akzeptiert dies wie selbstverständlich, ohne daraus Verpflichtungen für die anderen abzuleiten. Mit einer wichtigen Ausnahme: Rücksichtslosigkeit und Egoismus duldet sie nicht in ihrer Nähe. Aber solange sie das Gefühl hat, dass jeder in ihrer Umgebung nach seinen Kräften das Beste für die Gemeinschaft tut, nimmt sie ihn gerne unter ihre starken, schützenden Fittiche.

In aller Regel folgen Ulmen unbeirrbar einer großen persönlichen Vision. Instinktiv wissen sie um den Sinn ihres Lebens und handeln entsprechend. Halbherzigkeiten sind nicht ihre Sache, aber sie sind auch keine Extremistinnen, die ihre eigenen Interessen um jeden Preis durchsetzen.

Mit der Unterordnung unter andere hat die Ulme ihre Probleme. Sie besitzt zu viel Persönlichkeit, um sich unauffällig in der zweiten oder dritten Reihe einzuordnen. Da ihre Alleinstellung aber einem höheren Zweck und dem Allgemeinwohl dient, wird das in aller Regel anstandslos akzeptiert.

Im Schatten der Ulme

Ulmen gehören zu jenen Glücklichen, die auch ihre weniger vorteilhaften Schattenseiten so verpacken, dass sie von ihrer Umgebung akzeptiert werden. Vor allem ältere Ulmen neigen sehr zu Rechthaberei, denn sie wissen schließlich, wohin sie wollen und was für sie das Beste ist. Ihr Charme mildert ihre scharfen Worte jedoch. Und dass sie mitunter nachtragend sind, nun ja, das haben sich die anderen mit dem Verstoß gegen die Ideale der Ulme selbst zuzuschreiben – so sieht es zumindest aus der Sicht der Ulmen aus.

Der größte Schatten liegt in der Ulme selbst. Sie ist nämlich viel weniger robust als ihre stattliche, selbstbewusste Erscheinung glauben macht. Ihr Verhalten wird von ihren zarten inneren Seiten zwar nicht berührt. Aber deshalb zu glauben, dass

Angriffe an ihr spurlos vorübergehen, ist falsch. Ulmen neigen zu Krankheit, wenn man sie kränkt. Oder sie verlieren ihre Kraft und Zuversicht. Eine Ulme kann depressiv werden, wenn sie das Gefühl bekommt, mit ihren Idealen zu scheitern. Dann wird sie zu einem Eigenbrötler, zu dem niemand mehr Zugang findet.

Beruf und Berufung

Das bevorzugte Werkzeug der Ulme ist das Wort. Daher findet man sie vor allem in Berufen, die sich verbal um eine Verbesserung dieser Welt bemühen. Ulmen sind Journalisten und Schriftsteller. Sie arbeiten als Ghostwriter, da ihnen die Wirkung ihrer Arbeit wichtiger ist als im Rampenlicht zu stehen. Sie kümmern sich als Personalentwickler um das Wohl der Mitarbeiter großer Unternehmen oder bereiten als Vorstandsassistenten große Entscheidungen vor.

Auch in der Werbebranche, der großen Kreativindustrie unserer Zeit, sind Ulmen häufiger anzutreffen. Dabei schlagen sie sich allerdings lieber als One-Man- oder One-Woman-Show durch den Alltag, bevor sie in eine große Agentur gehen und dort riskieren, ihre Begabungen für Botschaften oder Produkte einzusetzen, hinter denen sie nicht stehen können.

Als Chefs sind Ulmen in aller Regel besonders beliebt. Sie verstehen ihre Rolle eher als die eines Mentors und beschränken Anweisungen und Kontrolle auf ein absolutes Mindestmaß. Manchmal mag es etwas schwerfallen, von einem Ulmen-Chef eine eindeutige Stellungnahme zu bekommen. Dafür hat man aber als Mitarbeiter seine Unterstützung, auch wenn man von den üblichen Wegen einmal abweicht. Hauptsache, das Ziel, das man vor Augen hat, stimmt aus seiner Sicht.

Ulmen-Beziehungen

Ulmen sind liebevolle, zuverlässige Familienmenschen, solange man ihnen nur ein wenig Raum lässt. Allzu enges Aufeinanderhocken vertragen sie nämlich nicht. Dafür ist ihr Verhalten gegenüber Partner und Kindern von Geduld und einer unglaublichen Toleranz geprägt. Eine Ulme meint, was sie sagt. Und einer der häufigsten Sätze, die man aus dem Mund eines Ulmen-Partners hört, ist „Wenn Du meinst, dass das richtig ist, dann mach es ruhig."

Zu echten Turbulenzen kommt es mit einer Ulme nur, wenn sie das Gefühl bekommt, an der Seite eines Selbstmaximierers zu leben, dem nur das eigene, kurzfristige Wohlergehen wichtig ist. Daher hat sie mitunter auch Probleme mit Vertretern der beiden Obstbäume, dem Apfel und der Feige.

Auch gegen zu viel für sie nicht nachvollziehbare Struktur, wie sie oft von den Buchen oder den Tannen kommt, wehrt sie sich.

Generell gilt: Ohne erkennbare Ideale verkümmert eine Ulme und zieht sich immer weiter in sich selber zurück. Aber man muss es schon sehr weit treiben, um eine Ulme so weit zu bringen. Denn grundsätzlich geht sie vom Guten in allen Menschen aus. Ulmen können gut loben – und reagieren selbst auf Lob verlegen.

Die Zypresse

Ein Lebenskünstler

DATUM IM JAHRESKREIS:
25.1. bis 3.2. und 26.7. bis 4.8.

NUMEROLOGISCHE ZAHL: 3

ENERGIE: fordernd und formend

ELEMENT: Feuer

FARBE: Hellrot

EDELSTEIN: Rubin

ZENTRALER WIRKUNGSBEREICH: die universelle Verbindung zwischen Himmel und Erde

MEDIZIN: Zypressenöl fördert die Konzentration.

MOTTO: Es kommt immer etwas Besseres nach.

SEHNSUCHT: das Licht der Erkenntnis

Vom Baum zum Symbol

Die Zypresse ist ein sonnenhungriges Gewächs des Mittelmeerraums, das in Mittelamerika und im Süden der USA, in Nordafrika und ähnlich heißen Gegenden lebt? Stimmt. Aber auch in Teilen Englands und Schottlands ist die Zypresse heimisch, ebenso wie bei uns, hier allerdings nur in sehr geschützten Lagen. Dieser Sonnenbaum gedeiht auf kargen Böden und ist hart im Nehmen, es sei denn, der Frost bricht zu schnell herein.

Den Kelten galt die Zypresse durch ihren hohen, schlanken Wuchs und ihre immergrünen Nadeln als Verbindung zwischen Himmel und Erde. Ihren Sonnenhunger verband man mit dem Streben nach Wissen und Erkenntnis, aber auch nach Individualität und einer gewissen Unabhängigkeit.

Anders als Römer und Griechen, die die Zypresse als Baum der Unsterblichkeit verehrten, betonten die Kelten ihre Ausgewogenheit, die durch den Ausgleich zwischen natürlich-göttlichen Ansprüchen und menschlichen entsteht. Daraus resultierte in ihren Augen eine gewisse Gelassenheit, mit der sich schwere Schicksalsschläge besser ertragen lassen. Da der Baum so gut wie nie von Schädlingen befallen wird, Dürreperioden gut übersteht und auch sonst hart im Nehmen ist, glaubte man, er könne Unglück abwenden und für ein langes, gesundes Leben sorgen.

Daneben war die Zypresse aber auch in keltischer Interpretation als immergrüner Nadelbaum ein Zeichen der Unsterblichkeit durch den ewigen Zyklus der Zeit.

Im Licht der Zypresse

Menschen, die in den Tagen der Zypresse geboren wurden, sind vermutlich die wahren Lebenskünstler des keltischen Baumkreises. Nichts scheint sie aus der Bahn werfen zu können; selbst die schwersten Rückschläge stecken sie scheinbar ungerührt weg. Diese Menschen haben einfach eine besondere Begabung, immer wieder einen inneren Ausgleich zwischen extremen Gefühlen und Anforderungen herstellen zu können.

In vielen Kulturen gilt das Feuer als Mittler zwischen Himmel und Erde, als Transformator negativer Zustände und Mittler für göttliche Geschenke. Die Zypresse-Geborenen scheinen eine solche Funktion in menschlicher Gestalt zu erfüllen. Sie sind Meister darin, polare Zustände und Gefühle integrieren zu können.

Sie verbinden Schmerz und Freude, Geburt und Tod, Licht und Schatten. Sie bringen Beruf, Familie und eigene Bedürfnisse ebenso unter einen Hut wie materielle Notwendigkeiten und spirituelle Sehnsüchte. Das macht sie zu Meistern, das Leben genau so hinzunehmen, wie es kommt, ohne dabei in Fatalismus zu verfallen oder die Schuld auf andere oder die Umstände zu schieben.

Zypressen benötigen nicht viel, um zufrieden zu sein. Sie sind sich ihrer Überlebensfähigkeit so sicher, dass sie gegen Ängste und Zweifel immun zu sein scheinen. Ihr Optimismus ist ansteckend, und so suchen andere gerne ihre Nähe.

Im Schatten der Zypresse

Bei allem Optimismus und der Fähigkeit zur Integration: Einfache Zeitgenossen sind Zypressen-Geborene nicht. Sie integrieren die Wechselfälle des Lebens zwar rasch, aber oft nicht rasch genug für ihre Umgebung. Und da es sich um sehr spontane Menschen handelt, sagt man ihnen eine gewisse Launenhaftigkeit nach. Zypressen brausen rasch auf, um sich ebenso rasch wieder zu beruhigen. Sie selbst nehmen diese Gefühlswallungen kaum zur Kenntnis, sind die doch einfach der natürliche Auftakt zu einem intensiven inneren Nachdenkprozess. Empfindlichere Menschen oder solche, die eher auf die äußere Form achten, sind durch den ersten Jähzorn allerdings irritiert, weil sie ihn viel zu ernst nehmen.

Außerdem gelten Zypressen als widerspenstig. Sie fügen sich nur in die eigene Ordnung, nie in die eines Gemeinwesens oder einer vermeintlichen Autorität. Ähnliches gilt für hehre Vorstellungen einer besseren Zukunft. Zypressen weigern sich standhaft, heute zu leiden, um es morgen besser zu haben. Und ihr Handeln einer nebulosen Vision unterzuordnen, geht ihnen auch gegen den Strich. Daher setzen sie sich häufig dem Vorwurf aus, den alle Lebenskünstler immer wieder zu hören bekommen: Sie lebten ohne Ideale, planlos und unverantwortlich. Darauf reagiert die Zypresse mit beißender Ironie. Und schafft sich damit keine Freunde. Ihr Ideal ist die Erkenntnis, und darin ist sie kompromisslos.

Beruf und Berufung

Zypressen sind das Rückgrat unserer Wirtschaft. Es sind jene unzähligen kleinen Unternehmer, die sich nach jedem Rückschlag wieder aufrappeln und unverdrossen weitermachen. Die eine Bank sperrt den Kreditrahmen. Auch gut, wer weiß, ob nicht genau diese Bank morgen selber in Schwierigkeiten ist … Zypressen lassen sich nicht so schnell entmutigen. Erfolg heißt für sie, einmal mehr aufzustehen als hinzufallen. Dabei verlassen sie sich auf niemanden so sehr wie auf sich selbst.

Das Erfolgsrezept der Zypressen besteht darin, dass sie nie die Schuld bei anderen suchen. Generell scheint es in ihrem Leben so gut wie nie um die Frage der Schuld zu gehen. Es gibt nur Chancen.

Die einen gehen auf, die anderen nicht. Und ein Zypressen-Geborener vertraut fest auf seinen Instinkt, die guten Chancen zu erkennen und aufzugreifen.

Zypressen-Geborene sind aber auch jene Menschen, die kurz entschlossen ihre sieben Sachen packen und der Heimat den Rücken zukehren, wobei sich unter diesen Auswanderern durchaus auch Aussteiger auf dem Weg auf die Südseeinsel befinden. Häufiger ist jedoch jene Sorte Zypressen zu finden, die es nach Amerika, Australien oder auch in den hohen Norden Europas zieht, um dort ihr wirtschaftliches Glück zu machen.

Zypressen-Beziehungen

Menschen, die in den Tagen der Zypresse geboren wurden, sind keine ausgesprochenen Paarläufer. Sie verbinden sich zwar gerne mit einem anderen Menschen, dabei geht es ihnen allerdings oft mehr um die Liebe an sich als um diesen Partner. Außerdem muss man sich an der Seite einer Zypresse auf heftigere Gefühlsausbrüche gefasst machen, wobei sich der Sturm aber ebenso schnell wieder verzieht, wie er gekommen ist. Man braucht also eine dicke Haut, wenn man sich auf eine Zypresse einlässt. Dafür wird man jedoch mit einem ganz besonderen Partner belohnt, dem man Qualitäten als stürmischer, unersättlicher Liebhaber nachsagt.

Wobei die Zypresse schwer zufriedenzustellen ist, was sie mitunter dazu treibt, nach einem neuen Partner Ausschau zu halten. Dieser Umstand spießt sich ein wenig mit der Treue, die man ihr nachsagt. Aber die Treue der Zypresse ist eine Treue zum Leben, die sich im Lebensmut und in der Überwindung schwieriger Umstände äußert, nicht in der lebenslangen Bindung an einen Menschen.

Die Pappel

Ein universeller Kommunikationskünstler

DATUM IM JAHRESKREIS:
4. bis 8.2., 1. bis 14.5. und 5. bis 13.8.

NUMEROLOGISCHE ZAHL: 5

ENERGIE: fordernd und formend

ELEMENT: Luft

FARBE: Hellgelb

EDELSTEIN: Goldtopas

ZENTRALER WIRKUNGSBEREICH: universelle
Kommunikation

MEDIZIN: Tee gegen Blasen- und andere Unter-
leibsentzündungen, Pappelextraktumschläge
bei Verbrennungen

MOTTO: Wahrer Mut bedarf der Angst, damit
er sie überwinden kann.

SEHNSUCHT: mit Freund und Feind
in Eintracht verbunden

Vom Baum zum Symbol

Die Pappeln, zu denen auch die Espen gehören, sind
die schnellwüchsigsten der heimischen Bäume. Steckt
man einen Zweig in den Boden, dauert es nicht
lange, und ein neuer Baum entsteht. Ihre vergleichsweise kleinen Blätter rascheln bei geringstem Wind.
Daher auch das Sprichwort: Zittern wie Espenlaub.

Die Kelten verwendeten Pappelholz für Schilde
und machten Holzschuhe daraus. Im modernen
keltischen Baumkreis ist sie der einzige Baum, der
gleich dreimal auftaucht, was Michael Vescoli mit
ihrer Wandlungsfähigkeit im Laufe des Jahres und
ihrem symbolischen Zusammenhang mit der Ungewissheit begründet: Der schnelle Lichtzuwachs
im Februar halte den Menschen in Ungewissheit,
ob der Frühling endlich da sei, die späten Fröste
im Mai und die Spätsommergewitter im August
brächten ihrerseits wieder die Ungewissheit in die
menschliche Existenz.

Tatsächlich ist die Pappel in den drei Phasen in
stark unterschiedlichem Kleid anzutreffen. Im Februar
dominieren die bräunlichen Knospen, im Mai strahlen die jungen Blätter rötlich, im August sind sie
je nach Art schillernd weiß, hellgrün oder samtig
schwarz.

Die Kelten glaubten die Stimme der Götter im Zittern des Espen- oder Pappel-
laubes zu hören. Der Baum stand für
Unsicherheit, Angst und plötz-
liche Veränderung. Darüber
hinaus symbolisierte er die Suche
nach sich selbst. Außerdem war
der Weg zur Anderswelt von
Pappeln gesäumt, die den
Menschen auf dem Weg in
den Tod mit ihrem Zittern
begleiteten.

Im Licht der Pappel

Pappel-Geborene lassen sich kaum über einen Kamm scheren, werden sie doch Anfang Februar, Mitte Mai und Anfang August geboren. Entsprechend deutlich fallen auch die Unterschiede auf, die man bei Pappeln beobachten kann. Es ist vor allem der Grad der persönlichen Reife, der diese Unterschiede ausmacht. Pappeln sind die göttliche Trinität, wie man sie bei Kelten, Germanen und anderen urgeschichtlichen und antiken Religionen häufig vorfindet. Sie sind die Stimme der Gottheit in der Schönheit und Unbefangenheit ihrer Jugend, in der Kraft ihrer erwachsenen Erscheinung und in der Weisheit des Alters.

Bei Pappel-Geborenen im Licht finden sich Qualitäten wie Schönheit und Frische, Kraft und Gestaltungswillen sowie Weisheit und die Einsicht in eine höhere Ordnung. Wobei sich diese positiven Pappeleigenschaften vor allem auf ihren Intellekt und ihre Gabe zur Kommunikation beziehen.

Im Laufe ihres Lebens zeigt ein Pappelgeborener sehr deutlich diese Schritte der persönlichen Reifung, wobei je nach Phase, in der die Pappel zur Welt kommt, der Schwerpunkt auf einer der drei Ausprägungen liegt.

Pappeln sind kontaktfreudige Menschen, pflegen ein ausgedehntes Beziehungsnetz, verfügen über Handschlagqualität und haben immer ein offenes Ohr für die Nöte ihrer Umgebung. Wobei man sich ihnen gerne anvertraut, weil man nicht fürchten muss, dass die Pappel diese Informationen gegen einen verwendet. Außerdem kombiniert ihr Verstand das Gehörte blitzschnell neu und kommt so auf bislang nicht in Betracht gezogene Lösungen, von denen oft alle Beteiligten profitieren.

Im Schatten der Pappel

Reifen ist stets mit Unsicherheit verbunden. Bisher erprobte Verhaltensweisen müssen aufgegeben, neue auf ihre Tauglichkeit geprüft werden – mit unsicherem Ausgang. So heißt es nicht umsonst, jemand zittert wie Espenlaub. Pappeln im Schatten spüren diese Unsicherheit wie kein zweiter Vertreter des Baumkreises. Auf der Suche nach der Quelle ihrer Ängste dringen sie tief ins eigene Unterbewusstsein vor und erdrücken alles, was ihnen dabei in die Quere kommt.

Die Gefühle liegen der Pappel auf der Zunge und sie redet viel und ohne lange nachzudenken, was ihr gerade auf der Seele liegt. Weniger mitteilungsfreudige Menschen bekommen dadurch oft ein falsches Bild von der Bedrängnis, in der sich die Pappel gerade befindet. Sie nehmen sie weit ernster als die Pappel selbst. Kommen sie dann darauf, dass die Pappel keineswegs in großer Gefahr schwebte, werfen sie ihr Wichtigmacherei und emotionale Instabilität vor.

Beruf und Berufung

Der wache Verstand der Pappel und ihre Gabe zur Kommunikation macht sie zu einem idealen Manager. Sie ist in der Lage, sich blitzschnell Klarheit über eine Situation zu verschaffen und scheut auch nicht vor raschen Entscheidungen zurück. Vor allem begeht sie aber einen Fehler kaum, den man ansonsten häufig in Chefetagen beobachtet: Sie versäumt nicht, die Mitarbeiter über alles zu informieren. Und sie hat Verständnis dafür, dass die Menschen vor Veränderungen Angst haben. Dieser Angst begegnet sie mit der besten Medizin, die es dafür gibt: einem offenen Ohr. Daher funktionieren Veränderungsprozesse, die von einer Pappel begleitet werden, in aller Regel reibungsloser als üblich.

Ob Verkauf, Fusion oder Reorganisation – die Pappel stellt sich dem Unbehagen der Betroffenen, lädt sie zur Mitgestaltung ein und kombiniert die ihr zur Verfügung gestellten Informationen immer wieder neu, sodass sie oft völlig neue Lösungen entwickelt.

Außerdem ist die Pappel überall dort gut aufgehoben, wo es um Vermittlung geht. Sie unterstützt die Streitparteien dabei, eine Lösung zu erarbeiten, von der alle Seiten profitieren, und macht damit den Einsatz von Gerichten oder anderen Autoritäten überflüssig.

Pappel-Beziehungen

Menschen, die in den Tagen der Pappel geboren wurden, warten lange, bevor sie sich binden. Es scheint oft so, als könnten sie sich nicht so recht entscheiden, ob ihr Gegenüber tatsächlich der beste Partner fürs Leben ist. Außerdem lieben sie ihre Freiheit, denn die ermöglicht ihnen Kontakte in alle Richtungen. Weniger freiheitsliebende Vertreter des Baumkreises werfen ihnen daher häufig vor, dass ihnen Freunde, Kollegen und Bekannte wichtiger seien als der eigene Partner.

Hat sich die Pappel allerdings einmal entschieden, dann steht sie mit liebevoller Fürsorge an der Seite ihres Partners.

Großartige Eskapaden muss man dann nicht mehr von ihr erwarten. Ganz im Gegenteil. Mitunter beginnt sie dann nämlich aus lauter Liebe den Partner einzuengen und an ihm zu klammern. Ein Verlust wäre für sie nicht zu ertragen und daher versucht sie alle Quellen einer möglichen Trennung zuzuschütten. Damit es so weit kommt, muss die Pappel allerdings schon ein weites Stück in den Schatten gerückt sein. Im Licht ist sie nichts anderes als ein loyaler Partner, der von der Sehnsucht nach lebenslanger Liebe, Freundschaft und Zugehörigkeit erfüllt ist. Geht eine solche Beziehung in die Brüche, hält die Pappel oft genug die Freundschaft zum Ex-Partner aufrecht.

Die Zeder

Eine Quelle des Selbstbewusstseins

DATUM IM JAHRESKREIS:
9. bis 18.2. und 14. bis 23.8.

NUMEROLOGISCHE ZAHL: 7

ENERGIE: fordernd und formend

ELEMENT: Feuer

FARBE: Taubengrau

EDELSTEIN: Rauchtopas

ZENTRALER WIRKUNGSBEREICH: Führen aus innerer Berufung

MEDIZIN: Zedernöl heilt Hauterkrankungen

MOTTO: Wichtig ist, was Du bewirkst, nicht, wie sehr Du Dich anstrengst

SEHNSUCHT: Entspannung, die der Spannung folgt

Vom Baum zum Symbol

An der Zeder scheiden sich die Geister der Kelten-Fans. Während die einen unwidersprochen hinnehmen, dass sich dieser Baum in einem keltischen Baumkreis findet, pochen die anderen auf einen Übersetzungsfehler und reklamieren stattdessen den Zirbelbaum in den Kalender.

Da die ersten „keltischen Baumkreise" im deutschsprachigen Raum die Zeder enthielten, haben sich viele Menschen mit „ihrer" Zeder identifiziert und wären verwirrt, würden sie nun eine Zirbel ihren Baum nennen müssen (deren Holz besonders gesund ist und seit jeher in Bauernstuben gern verwendet wird).

Daher sei hier die Zeder in ihrem Symbolgehalt kurz vorgestellt. Alte Zedern sind wahre Baumriesen, die bei einem Umfang von rund 15 Metern bis zu 40 Meter hoch werden können. Bis heute stehen in Anatolien und an den Hängen des Libanon Exemplare, die auf rund 2500 Jahre geschätzt werden.

Wen wundert es, dass derartige Bäume als Symbole für Stärke, Dauerhaftigkeit und Unsterblichkeit gelten. Im Altertum war die Zeder mit Abstand das wichtigste Bauholz, das etwa auch beim Bau des Salomonischen Tempels in Jerusalem zum Einsatz kam. Die Zedern wurden in der Antike fast komplett abgeholzt.

Im Licht der Zeder

Menschen, die in Tagen der Zeder geboren wurden, verfügen über ein außergewöhnlich hohes Maß an Struktur. Aber anders als die Struktur von Buche oder Hagebuche ist jene der Zeder keine rein weltliche, und anders als bei der Tanne keine Himmel und Erde verbindende. Sie hat die universelle Struktur verinnerlicht, weiß um die höhere Ordnung und schöpft daraus enormes Selbstbewusstsein. Zedern sind besonders wertvolle Menschen, denen viel daran liegt, diesen inneren Wert aus sich heraus nach außen wirken zu lassen.

So hoch dieser Anspruch sein mag, Zedern gelingt es in aller Regel sehr gut, ihn zu verwirklichen. Getreu dem ihnen zugedachten Element, dem Feuer, setzen sie dabei weniger die Kraft ihres Intellekts ein als vielmehr die Kraft ihrer Taten. Sie wissen intuitiv, was das Richtige ist und handeln entsprechend kraftvoll und schnell.

Daher werden sie von den Menschen in ihrer Umgebung ohne Widerspruch als Führungsautorität anerkannt.

Die Handlungen der Zeder sind alles andere als egoistisch. Sie orientiert sich an übergeordneten Interessen, schreckt dabei aber auch nicht davor zurück, Entscheidungen zu treffen, die für Einzelne schmerzhaft sind. Eine besondere Qualität der Zeder besteht darin, dass sie bei aller Entschlossenheit nie die eigenen Grenzen aus dem Auge verliert. Sie achtet auf ihre Gesundheit und einen ausgewogenen Lebensstil. Ihr Körper ist ihr heilig, denn er ist die wertvolle Hülle ihrer Seele. Raubbau an ihm zu betreiben, erschiene ihr wie ein Verstoß gegen die universelle Ordnung. In unserer hektischen, durch Stress belasteten Zeit macht auch dies sie zu einem Vorbild für viele andere.

Im Schatten der Zeder

Geduld gehört nicht zu den Stärken der Zeder. Sie selbst ist blitzschnell in der Lage, sich eine Meinung zu einer Situation zu bilden und danach zu handeln. Wobei sie dazu neigt, Vorurteilen aufzusitzen oder der inneren Stimme eine solche Lautstärke einzuräumen, dass sie für alle anderen Informationen taub wird. Dementsprechend unduldsam wird sie, wenn andere eine Situation erst einmal gründlich durchdenken oder besprechen wollen.

Überhaupt ist die Sprache nicht das liebste Werkzeug der Zedern-Geborenen. Sie leben nach der Maxime: „Nicht reden, tun". Langwierige Erklärungen erscheinen ihnen überflüssig. Sie hören ihre innere Stimme doch sehr genau – warum können das nicht alle anderen ebenso gut? Das mag mitunter dazu beitragen, dass die Zeder auf andere abgehoben wirkt. Andere wissen oft nicht so recht, welchen inneren Überzeugungen der Zedern-Geborene gerade folgt und fühlen sich überfahren oder auf eine subtile Art und Weise manipuliert, womit die Zeder natürlich erheblichen Widerstand wachrufen kann.

Beruf und Berufung

Zedern-Geborene wirken mit ihrer selbstbewussten Art wie geschaffen für Führungsaufgaben. Sie trauen sich auch die komplexesten und schwierigsten Aufgaben zu und bewältigen sie meist mit Bravour, obwohl ihnen oft durchaus die eine oder andere notwendige Qualifikation fehlt. Aber so funktioniert das bei Zedern immer wieder: Sie strotzen vor Selbstvertrauen und Zuversicht und strahlen damit jenen Optimismus aus, der dann tatsächlich zum Erfolg führt. Zedern schrecken vor Entscheidungen mit großer Tragweite nicht zurück und treffen diese auch relativ rasch. Ob sie dabei die Lage immer richtig einschätzen und die Konsequenzen bedenken, sei dahingestellt.

Oft beruht ihr Urteil auf Vorurteilen. Doch sie haben das Herz am rechten Fleck und nehmen beherzt ihr Leben und ihre Aufgaben in die Hand.

Zedern vergessen gerne, dass ihre Mitarbeiter das Bedürfnis nach Information haben, um Entscheidungen des Managements zu verstehen oder weil sie auf Informationen angewiesen sind, wenn sie eigenverantwortlich arbeiten sollen. Wenn man bedenkt, dass Verantwortung auch darin besteht, Antworten zu geben, dann kommt dieser Aspekt von Führungsqualität bei der Zeder eindeutig zu kurz.

Zedern-Beziehungen

Zedern sind anspruchsvolle Partner. Sie wollen „den Besten" oder „die Beste" an ihrer Seite, einen Menschen mit viel Kraft, hohen Idealen und einer Vision, die zur eigenen passt. Gleichzeitig geht die Zeder aber auch davon aus, dass ihr der Partner den Vorrang zu lassen hat. Ja mehr noch: Sie sieht ihn oft als eine Art Prinzgemahl neben der eigenen Majestät. Das ist nicht jedermanns Sache, vor allem, wenn man über jene Energie verfügt, die die Zeder ja eigentlich erwartet. So kommt es, dass sie oft recht einsam durchs Leben geht; entweder an der Seite eines Partners, von dem sie sich entfremdet hat, oder sogar ganz ohne Partner oder nur mit kurzen, wenig bedeutsamen Affären.

Im Grunde macht dies den meisten Zedern-Geborenen wenig aus. Sie wissen um ihren Wert und brauchen keinen, der ihnen sagt, was für wundervolle Menschen sie sind. Außerdem gibt es da ja noch immer die Überzeugung, in höherer Mission auf dieser Welt zu sein.

Und alleine kann man sich einer großen Aufgabe viel besser widmen – in dieser Hinsicht sind viele Zedern-Geborene mit dem Oberhaupt der katholischen Kirche einer Meinung.

Zölibatär leben sie deshalb nicht. Sie genießen das Leben mit seinen sinnlichen Aspekten. Ihre Partner wissen von vornherein, woran sie mit einer Zeder sind. Alles andere könnten diese durch und durch ehrlichen Geschöpfe nicht vor dem eigenen Gewissen verantworten.

Die Kiefer

Ein pragmatischer Lebenskünstler

DATUM IM JAHRESKREIS:
19. bis 29.2. und 24.8. bis 2.9.

NUMEROLOGISCHE ZAHL: 9

ENERGIE: fordernd und formend

ELEMENT: Luft

FARBE: Eisblau

EDELSTEIN: Aquamarin

ZENTRALER WIRKUNGSBEREICH: die häusliche Gemeinschaft

MEDIZIN: Tee gegen Husten und Heiserkeit, Öl gegen Verspannungen von Körper und Geist

MOTTO: Das rechte Maß ist das Maß aller Dinge.

SEHNSUCHT: Überwindung der Polarität

Vom Baum zum Symbol

Kiefern sind wahre Pioniere, die geringe bis keine Ansprüche an ihre Umgebung stellen. Genügsam harren sie auch auf den kargen Böden des hohen Nordens aus, ducken sich im Wind und lassen sich auch durch die Sonne nicht aus der Reserve locken. Kiefern und Birken waren die vorherrschenden Bäume, die vor 10 000 Jahren den europäischen Kontinent bedeckten. Als die Kelten vor ca. 3000 Jahren aus der russischen Steppe nach Mitteleuropa einwanderten, trafen sie auf dichte Kiefernwälder. Trotzdem symbolisierte die Kiefer nicht die Dunkelheit für diese Menschen, sondern im Gegenteil das Licht. Dies hat damit zu tun, dass Kiefernspäne Jahrhunderte hindurch zur Beleuchtung der menschlichen Behausungen dienten. Außerdem wurde das Harz des Baumes als reinigendes und Angst lösendes Räucherwerk verwendet.

Als immergrüner Baum symbolisierte natürlich auch die Kiefer die Unsterblichkeit, allerdings standen bei den Kelten Bedeutungen wie Glück und langes Leben im Vordergrund. Außerdem war man von der Bescheidenheit des Baumes, gepaart mit großer Lebenskraft, beeindruckt, Eigenschaften, die man guten Eheleuten mit auf den gemeinsamen Weg gab. Standen zwei Kiefern nahe beieinander, sah man in ihnen auch ein Zeichen für eheliche Liebe, Treue und Fruchtbarkeit. Und in Kiefernwäldern sah man ein Vorbild für ein geordnetes, diszipliniertes Zusammenleben.

Im Licht der Kiefer

Menschen, die in Tagen der Kiefer geboren wurden, sagt man einen ganz besonders pragmatischen Zugang zum Leben nach. Kein Problem scheint ihnen zu groß, keine Herausforderung zu schwierig zu sein, um nicht mit Selbstdisziplin und eisernem Willen bewältigt zu werden. Wobei Kiefern-Geborene zunächst hohe Ansprüche an sich selber stellen und erst in zweiter Linie von anderen einen ähnlichen Einsatz fordern.

Ihre Ansprüche ans Leben sind gering, es handelt sich um vergleichsweise genügsame Menschen. Dass sie dennoch meist in erfreulichen Lebensumständen leben und es ihnen an nichts mangelt, liegt einfach daran, dass sie mit viel Geschick und ebenso viel Fleiß das Beste aus allem machen. Ihr Verstand ist rege. Sie setzen ihn vor allem ein, um die Unsicherheit der Zukunft so gut es geht zu bewältigen.

Von Kiefern-Geborenen heißt es, dass sie ganz besonders vorausschauend und vorsorgend agieren. Verschwendung ist ihnen in mehrfacher Hinsicht verhasst: Für einen unachtsamen Umgang mit materiellen Gütern fehlt ihnen ebenso das Verständnis wie für überbordende Gefühle.

Im Schatten der Kiefer

Auf extrovertiertere Zeitgenossen wirken Menschen, die in den Tagen der Kiefer geboren wurden, manchmal merkwürdig reduziert. Ihre Vorsorge für die Zukunft lässt sie geizig erscheinen, ihr vorsichtiger Umgang mit Gefühlen kaltherzig und schroff. Vor allem in Situationen, in denen der Stresspegel hoch

ist, bekommt das Bedürfnis des Kiefern-Geborenen nach Ordnung, Disziplin und Selbstkontrolle leicht etwas Pedantisches.

Hinzu kommt sein Wunsch, alles, was rund um ihn herum passiert, gründlich zu beobachten und zu analysieren. Für spontane Reaktionen ist da recht wenig Platz. Drängt man eine Kiefer zu einer Antwort, bevor sie die Zeit hatte, das Für und Wider gründlich abzuwägen, muss man mit einer barschen Abfuhr rechnen. Denn eines ist sicher: Gängeln lassen sich Kiefern von nichts und niemandem auf dieser Welt.

Obwohl Kiefern keine Einzelgänger sind und sehr genau das Wohl der Gruppe im Auge haben, sind sie doch von einem relativ großen Distanzbedürfnis bestimmt. Auch dies ist ein Umstand, der ihnen schnell den Ruf der Arroganz einträgt.

Beruf und Berufung

Als kluge, praktisch veranlagte Menschen machen Kiefern in aller Regel recht schnell Karriere. Sie sind bereit, sich zu engagieren, verzichten auf so manchen freien Abend und haben dabei immer ihr Ziel vor Augen. Auf problemorientierte Kollegen reagieren sie verständnislos; ebenso auf solche, die lieber feiern als arbeiten zu gehen. Durch ihre vorausschauende Art sind sie hervorragende Organisatoren, die sich beispielsweise in komplexen Projekten wie zuhause fühlen.

Oft ergreifen Kiefern Berufe, in denen sie gestaltend in die Zukunft wirken können; etwa als Lehrer und Erzieher, aber auch als Führungskräfte in großen Unternehmen. Dort fallen sie vor allem durch ihre Begabung auf, die Erfordernisse des laufenden Geschäfts mit den Notwendigkeiten einer strategischen Zukunftsplanung unter einen Hut zu bringen. Als Chefs sind sie nicht zuletzt deshalb beliebt, weil sie vor allem durch ihr Vorbild wirken und weniger durch Anweisung und Kontrolle. Außerdem hat ein Kiefern-Chef in aller Regel ein offenes Ohr für die Fortbildungs- und Entwicklungswünsche seiner Mitarbeiter. Kiefern haben keine Angst, von besser ausgebildeten jüngeren Mitarbeitern aus ihrer Position verdrängt zu werden, da sie genau um die Bedeutung der Erfahrung wissen. Eher freuen sie sich über die damit verbundene Entlastung ihres eigenen Schreibtisches von Aufgaben, die andere besser bewältigen können.

Kiefern-Beziehungen

Menschen, die in den Tagen der Kiefer geboren wurden, bringen all jene Eigenschaften mit, die sie zu idealen Schwiegersöhnen und Schwiegertöchtern macht. Sie sind sparsam, vorsichtig und praktisch veranlagt. Sie reparieren die Waschmaschine der Schwiegereltern ebenso wie das Auto der Schwägerin, ohne hohe Ansprüche an andere zu stellen.

Als Partner einer Kiefer mag man ab und zu die großen Liebesschwüre und die erregenden Gefühle vermissen – dafür kann man aber sicher sein, dass die Kiefer beständig zu einem steht. Überhaupt sollte man sich geadelt fühlen, wenn man die Aufmerksamkeit einer Kiefer erregt hat. Sie hat nämlich hohe moralische Ansprüche an ihren Partner und beobachtet in Frage kommende Menschen sehr lange und sehr genau, bis sie ihnen ihr Herz öffnet. Dann stellt sie sich allerdings bedingungslos in den Dienst dieser Beziehung und bedenkt bei allem, was sie selbst tut, auch die Auswirkungen auf ihren Liebsten bzw. ihre Liebste.

Die Weide

Die pragmatische Erfinderin

DATUM IM JAHRESKREIS:
1. bis 10.3. und 3. bis 12.9.

NUMEROLOGISCHE ZAHL: 8

ENERGIE: aufnehmend und nährend

ELEMENT: Erde

FARBE: Flussgrün

EDELSTEIN: Jade

ZENTRALER WIRKUNGSBEREICH: der Zusammenhalt der Gemeinschaft

MEDIZIN: fiebersenkender Tee

MOTTO: Geht nicht – gibt es nicht.

SEHNSUCHT: Mutter Erde nährt alle ihre Kinder.

Vom Baum zum Symbol

Die Weide ist ein bis zu 20 Meter hoher Baum oder Busch, der einen feuchten Boden benötigt, um gut wachsen zu können. Innerhalb weniger Jahre schießt sie in die Höhe. Fällt man sie dann, braucht sie nur kurze Zeit, um aus dem Stumpf neue Triebe sprießen zu lassen.

Noch besser als die Pappel kann man die Weide durch Stecklinge vermehren, wodurch sie bereits bei den Kelten als Hilfsmittel für Flussuferbefestigungen sehr beliebt war. Außerdem nutzte man ihre flexiblen Triebe als Ausgangsmaterial für Körbe, Matten und andere Flechtarbeiten. Acetylsalicylsäurehaltige Weidensäfte setzten auch die Kelten als hochwirksames Schmerzmittel ein.

Symbolisch stand die Weide bei den Kelten für die Intuition und die Fähigkeit, zu träumen. Außerdem sah man in ihr jene Flexibilität, die sich zum Wohle der Gemeinschaft anpasst, ohne selber darunter zu leiden oder die Lebenskraft zu verlieren.

Weidetage waren Tage des Dienstes an der Gemeinschaft, Tage, an denen alle und alles ihren richtigen Platz fanden, ohne sich deshalb ein für alle Mal festlegen zu müssen. So symbolisierte sie nicht zuletzt jene Unbekümmertheit, die uns Standfestigkeit verleiht und gleichzeitig hilft, auch die schlimmsten Schicksalsschläge mit Fassung zu tragen und nicht daran zu zerbrechen.

Im Licht der Weide

Menschen, die an Weide-Tagen geboren wurden, sagt man Einsatzbereitschaft nach. Instinktiv wissen sie, wo sie gebraucht werden und scheuen nicht davor zurück, beherzt die Ärmel hochzukrempeln und zuzupacken. Manchmal verstecken sie ihre praktische Veranlagung hinter einer gewissen Verträumtheit. Aber im Grunde braucht man ihnen nie zu sagen, wo ihre Hilfe gerade angebracht ist.

Der wache Verstand der Weide umkreist ständig die Erfordernisse des praktischen Alltags, allerdings tut er dies auf eine höchst kreative und innovative Art und Weise. Von alten Glaubenssätzen lässt sich eine Weide nicht beschränken. Sie erkennt das wahre Bedürfnis hinter den eingespielten Aktivitäten und sucht immer neue, bahnbrechende Antworten.

Von Weiden-Menschen lässt sich mit Fug und Recht behaupten, dass sie den Alltag täglich aufs Neue erfinden. Wären Staubsauger, Mikrowelle und Kühlschrank noch nicht erfunden, Weiden-Geborene würden sich sofort auf die Suche nach diesen Alltagshilfen begeben. „Geht nicht – gibt es nicht" lautet ihre Devise, wobei sie aber nie versuchen, die Dinge mit Gewalt zu richten. Sie suchen lieber nach der cleveren, allen dienenden Lösung.

Daher sind Weiden auch gefragte Ratgeber. Denn sie suchen nicht nach dem „Richtig" oder „Falsch" in einem Problem, sondern auch dort nach den verborgenen Bedürfnissen, den versteckten Anliegen.

Im Schatten der Weide

Wie so oft ist auch bei der Weide das größte Licht mit dem größten Schatten verbunden. Menschen, die an Weide-Tagen geboren wurden, sind so flexibel, dass sie sich so gut wie allem anpassen können. Dabei verlieren sie mitunter für andere die klare Kontur. Man weiß nicht mehr so recht, wofür die Weide steht. Hinzu kommt ein gewisses Maß an Unruhe, die sie auf ihrem Weg der Grenzen sprengenden Neuerungen um sich herum verbreitet.

Die Weide sucht auch dort noch nach der neuen, kreativen, alles umfassenden Lösung, wo Widerstand angesagt wäre. Sie glaubt unerschütterlich an das Positive im Menschen, auch wenn das Böse bereits offensichtlich ist. Und stabilisiert damit oft unbewusst Ungerechtigkeiten, die sie eigentlich aus der Welt schaffen will.

Manchmal beschleicht einen bei einem Weide-Geborenen sogar das Gefühl, dass sich dieser in eine eigenartige Traumwelt geflüchtet hat, in die man ihm nicht mehr folgen kann. Er redet sich die Rahmenbedingungen in seiner Umgebung schön, ignoriert alle Anzeichen, dass man ihn ausnutzt, und vermeidet jegliche Auseinandersetzung. Das alles stört seine Umgebung mehr als ihn selber, denn er besitzt ja seine eigene innere Wahrheit.

Beruf und Berufung

Menschen, die an Tagen der Weide geboren wurden, sind großartige Visionäre, die es im Großen wie im Kleinen verstehen, auch ihr Geschäft täglich neu zu erfinden. Als Eisenbahnvorstände erkennen sie, dass ihr Geschäft darin besteht, Menschen und Güter von A nach B zu transportieren und investieren daher auch in Lkws und Fluglinien.

Als Zeitungsverleger verstehen sie, dass es eher darum geht, Informationen aufzubereiten und unter die Menschen zu bringen als Papier zu bedrucken und kaufen Online-Dienste oder Radiostationen. Und als kleine Lebensmittelhändler verfrachten sie ihre Waren in einen Kleinlieferwagen und beliefern die wenig Mobilen in ihrer Umgebung, statt im Laden vergeblich auf Kunden zu warten und die Konkurrenz der Lebensmittelketten zu beklagen.

Eines ist den allermeisten Weiden-Menschen gemeinsam: Sie haben so etwas wie eine persönliche Vision, einen Lebenstraum, dem sie auf immer neuen Wegen begegnen.

Als Chefs sind Weiden sehr beliebt, weil sie fremde Ideen schnell akzeptieren, wenn sie einen Sinn darin sehen. Für die ganz großen Karrieren fehlt ihnen allerdings die Ellenbogentechnik. Man findet sie häufiger in der zweiten Reihe als Mastermind hinter den strategischen Entscheidungen der großen Unternehmenslenker.

Viele Weiden haben zudem einen besonderen Zugang zur Natur, so dass man sie auch in naturnahen Berufen als Gärtner und Floristen, Tierzüchter oder auch in der Seefahrt antrifft.

Weiden-Beziehungen

Weiden sind hingebungsvolle Partner, die bereit sind, viel Energie in ihre Beziehungen zu investieren. Sie sind anschmiegsam und nachgiebig, lieben das Kuscheln und gemütliche Heimabende am Kamin. Ihr häuslicher Einflussbereich ist gut organisiert und bietet den Menschen, die dort leben, alle erdenklichen Entfaltungsmöglichkeiten. Allerdings braucht die Weide eine Gruppe, sei es eine Familie, sei es eine Wahlfamilie. Menschen, die ihr Glück eher in der Zweierbeziehung suchen, fühlen sich von Weiden daher mit der Zeit vernachlässigt.

Da Weiden-Geborene gut und einfühlsam zuhören und selten werten, suchen viele Menschen instinktiv ihre Nähe. Das macht sie auch im Freundeskreis zu menschlichen Magneten, ein Umstand, der ebenfalls geeignet ist, bei Partnern, die für diese Qualität der Beziehungen kein Verständnis haben, für Eifersucht oder vergebliche Besitzansprüche zu sorgen.

Die Linde

Die mütterlich Liebende

DATUM IM JAHRESKREIS:
11. bis 20.3. und 13. bis 22.9.

NUMEROLOGISCHE ZAHL: 2

ENERGIE: aufnehmend und nährend

ELEMENT: Wasser

FARBE: Silber

EDELSTEIN: Perle

ZENTRALER WIRKUNGSBEREICH: fruchtbare Mütterlichkeit

MEDIZIN: Desinfektion, Fieber senkend

MOTTO: Sieh mit mir durch meine rosa Brille.

SEHNSUCHT: die verschmelzende Liebe

Vom Baum zum Symbol

Ursprünglich stammt die Linde aus den Tropen, verbreitete sich von dort aus aber fast über die ganze Welt. Egal, wo sie auftrat, den Menschen war der weiche, biegsame und bewegliche Baum mit den hellen, herzförmigen Blättern heilig. Während die Eiche und die Esche Bäume der Reichen und Fürsten waren, galt die Linde als Baum des Volkes. Germanen und Kelten sprachen Recht unter der Linde – dem Ort, an dem sich Streitigkeiten lindern lassen.

Neben der Funktion als Gerichtsplatz hatte sie ganz allgemein eine wichtige Bedeutung als Versammlungsort. Sie galt als mütterliche Hüterin der Liebe und des Lebens – wohl auch, weil man in ihrem Schutz Eichen pflanzte. Die Blüten der Linde sollten den Menschen mit seinem Herzen in Verbindung bringen und ihn einfühlsam und liebevoll mit seinen Nächsten umgehen lassen. Darüber hinaus symbolisierte die Linde Heimat und Volkszugehörigkeit sowie den Frieden und das Gute.

Diese positiven Zuschreibungen behielt sie übrigens auch nach der Zeit der Kelten. Noch im Mittelalter galt ihr Holz wie bei den Kelten als heiliges Holz, aus dem Heiligenfiguren geschnitzt wurden. Als Marienbaum fand sie Eingang in die christliche Symbolik und blieb auf den Dorfplätzen und an den Prachtstraßen Europas der Baum der Zusammenkunft und der positiven Kommunikation.

Im Licht der Linde

Menschen, die an Linden-Tagen auf die Welt gekommen sind, sagt man nach, ganz besonders liebevolle, tief empfindende Wesen zu sein. Sie scheinen für die Liebe zu leben – und zwar für die Liebe in allen erdenklichen Formen: die partnerschaftliche Liebe, die elterliche Liebe, die Liebe zu Gott und der Welt …

Linden-Tage sind jene Tage, die der Tagundnachtgleiche im Frühling und Herbst unmittelbar vorausgehen. Entsprechend scheinen Linden-Geborene im Leben einen ähnlichen Platz einzunehmen, nämlich den an der Schwelle zwischen Bewusstsein und Unterbewusstsein, zwischen Traum und Wirklichkeit. Das macht sie in gewisser Weise zu Grenzgängern, bei denen man ähnlich wie bei den Weide-Geborenen nie ganz sicher sein kann, ob sie sich im Reich der Träume bewegen oder im Hier und Jetzt sind.

Aber anders als die menschlichen Weiden agieren die Linden nicht abrupt, schwanken nicht zwischen genialen Geistesblitzen und bewahrendem Arbeitseifer. Linden sind vielmehr sehr ruhige Menschen, die ihre Umgebung mit ihrem Sinn für Ästhetik und ihrer Phantasie begeistern. Ihr Gerechtigkeitsempfinden ist ausgeprägt und sie versuchen, ihren Teil dazu beizutragen, um Ungerechtigkeiten aus der Welt zu schaffen.

Linden-Menschen suchen den Kontakt mit anderen, nehmen diese gerne unter ihre Fittiche und kümmern sich bedingungslos um deren Bedürfnisse. Sie sind wie ihre Namensgeber, die Lindenbäume, unter deren ausladendem Dach früher die Eichen angepflanzt wurden, um die jungen Bäume optimal zu schützen.

Im Schatten der Linde

Den Schatten der Linde bekommt sie vor allem selbst zu spüren. Mit ihrer bedingungslosen Hingabe geht sie nämlich immer wieder weit über die persönlichen Grenzen. Und da sie zwar viel gibt, aber ihrerseits auch viel von anderen erwartet, wird sie immer wieder enttäuscht und zieht sich dann frustriert und erschöpft zurück. Dabei übersieht sie, dass sie selber im Grunde dafür verantwortlich ist, wenn sie sich von anderen ausgenutzt fühlt. Es ist wie ein ewiger Mythos, dem die Linde anhängt: Sie glaubt, wenn sie nur nett, hilfsbereit und zuvorkommend zu anderen ist, dann sind es die anderen auch zu ihr.

Doch wie gesagt handelt es sich um einen Mythos, das Leben sieht leider anders aus.

Um diese Enttäuschung zu vermeiden, reden sich Linden-Geborene ein, der andere sei doch gar nicht so schlecht und verstärken ihren Einsatz noch, anstatt ihn zurückzunehmen. Das kann so weit gehen, dass die Linde ernsthaft krank wird; und das Objekt ihrer hingebungsvollen Bemühungen wendet sich vor so viel Selbstzerstörung erschreckt ab oder befreit sich aus einer Bemutterung, die es als erstickend erlebt.

Beruf und Berufung

Linden-Geborene zieht es beruflich in zwei sehr unterschiedliche Richtungen. Viele Linden ergreifen Berufe, in denen sie sich um andere kümmern können. Krankenschwester oder Arzt, Kindergärtnerin, Sozialarbeiter oder Entwicklungshelfer sind für solche Menschen typische Berufe. Sie hängen der Vision einer besseren Welt nach und sind erfüllt von dem Bedürfnis, selbst so viel wie möglich dazu beizutragen. Daher findet man sie auch in der Rechtspflege, als Bewährungshelfer und als Richter.

Fast ebenso viele Linden ergreifen künstlerische Berufe, in denen sie die Möglichkeit haben, sich ihre Idealwelt selber zu erschaffen. Als Buchautoren, Schauspieler oder Maler sind sie in ihrem Element.

In großen Konzernen findet man Linden dagegen selten in den Chefetagen, obwohl sie gute Chef-Qualitäten mitbringen. Sie kommunizieren gut und gerne mit Mitarbeitern, Kunden und Kollegen. Außerdem fördern sie ihre Mitarbeiter bedingungslos, um dann leicht beleidigt zur Seite zu treten, wenn der Nachwuchs sie zu überflügeln beginnt. Am ehesten fühlen sie sich in Forschungs- und Entwicklungsabteilungen wohl, weil sie dort in die Schönheit des Details eintauchen können.

Linden-Beziehungen

Linden sind erstrebenswerte Partner, wenngleich ihr Bedürfnis, mit dem Geliebten zu verschmelzen, für den einen oder anderen Zeitgenossen auf Dauer zu anstrengend wird. Vor allem in anderen, sehr weiblich geprägten Baumvertretern wie den Apfel- oder Birken-Geborenen erblicken Linden häufig ihr Idealbild. Allerdings sind dies sehr zerbrechliche Beziehungen, weil ihnen das gestaltende, formende Element fehlt und sich beide ein wenig zu stark aneinander klammern.

Da geht es mit etwas festeren Vertretern des Weiblichen wie der Buche oder der Eiche deutlich besser.

Am günstigsten sind allerdings beständige Vertreter des männlichen Prinzips wie die Kastanie oder der Nussbaum.

Auf eines sollten sich Linden-Partner jedenfalls gefasst machen: Linden glauben an die einmalige, große Lebensliebe und haben für kleine Flirts außer Haus oder – noch schlimmer – Seitensprünge nicht das geringste Verständnis. Wer sich der Untreue verdächtig macht, treibt die Linde trotz all ihrer Loyalität in die Flucht.

Die Eiche

Die mütterliche Herrscherin

DATUM IM JAHRESKREIS: 21.3.

NUMEROLOGISCHE ZAHL: 4

ENERGIE: aufnehmend und nährend

ELEMENT: Erde

FARBE: Braunrot

EDELSTEIN: Malachit

ZENTRALER WIRKUNGSBEREICH: die eigene Entfaltung im Dienst der Gemeinschaft

MEDIZIN: Mistelextrakt von Eichenmisteln aktiviert die Selbstheilungskräfte.

MOTTO: Der wahrhaft Starke muss seine Stärke nicht beweisen.

SEHNSUCHT: Maß im Übermaß

Vom Baum zum Symbol

Die Eiche war der Baum der keltischen Stämme schlechthin, Sinnbild für ihre Stärke, Größe und Macht, aber auch ihres Mutes, ihrer Tapferkeit und ihrer Treue. Warum dies so war, wird bis heute bei einem Blick auf ein altes Exemplar dieses Baumriesen klar: Bis zu 50 Meter hoch und mehr als 30 Menschengenerationen alt überdauert eine Eiche die Zeiten. Ihr Laub fällt spät, ihr Holz ist hart und widerstandsfähig – beides Hinweise auf die symbolischen Zuschreibungen von Zuverlässigkeit, Standhaftigkeit und Unbeugsamkeit. Allesamt fordernd und formende Tugenden, weshalb man in der Frucht der Eiche, der Eichel, ein Zeichen für fordernde und formende Zeugungskraft sah. Zwar waren alle Bäume für die Kelten von religiöser Bedeutung, doch gehörte die Eiche zu den sieben heiligen Bäumen, die keiner fällen durfte. Ihr Name *duir* gab den Druiden ihre Bezeichnung.

Die Eiche galt als Sitz des Fruchtbarkeitsgottes Cernunnos. Bei den Ritualen zur Sommersonnenwende an Litha, dem Fest der Muttergottheiten und der Wiedergeburt, spielten Eichenholz und Eichenlaub eine besondere Rolle. Aber auch zu Ostara und zu Beltane, in der Walpurgisnacht, wurden reinigende und Fruchtbarkeit bringende Feuer mit Eichenholz entzündet. Und zu Mittwinter schnitten die Druiden heilige Eichenmisteln, um die Wiedergeburt des Lichtes zu feiern. Daher ist es auch nicht verwunderlich, dass die Eiche Sinnbild höchster göttlicher Kraft war – übrigens nicht nur bei den Kelten, sondern auch bei Germanen, Römern und Griechen.

Im Licht der Eiche

Menschen mit dem Geburtsbaum Eiche sind rar. Denn nur der Tag der Frühlingstagundnachtgleiche wird von diesem Baum regiert. Genau wie Birken-, Buchen- und Olivenbaum-Geborene können Eichen also mit Fug und Recht von sich behaupten, etwas ganz Besonderes zu sein.

Mit dem geistigen Bild einer alten, mächtigen Eiche vor Augen und dem Symbolgehalt des Baumes im Kopf könnte man versucht sein, Eiche-Geborene für die Krieger des Baumkreises zu halten. Doch weit gefehlt; Menschen, die am Tag der Eiche auf die Welt kommen, verkörpern viel eher die kämpferische, fruchtbare und treue Frau als den kriegerischen Mann. Es sind kraftvolle, beeindruckende Charaktere. Sie entwickeln feste Standpunkte und

Überzeugungen, fordern von ihrer Umgebung Gefolgschaft und lassen den Menschen gleichzeitig genug Raum zur Entfaltung.

Eichen bewegen sich in allen Bereichen des Lebens souverän. Sie sind logische Denker, kraftvolle Menschen der Tat und einfühlsame Beobachter. Zwar finden sie sich in allen Elementen – dem Feuer der Tat, dem Wasser der Gefühle und der Luft des Denkens – zurecht. Ihr Stammelement ist jedoch die Erde, was man nicht zuletzt daran erkennt, dass so gut wie alles, was Eiche-Geborene anfassen, gelingt. So leben sie meist auch in einem gewissen Wohlstand, den sie sichtlich genießen, ohne deshalb zu protzen oder zu prahlen.

Im Schatten der Eiche

Dass so kraftvolle Charaktere wie die der Eiche-Geborenen anderen Menschen Angst machen können, versteht sich fast von selber. Tatsächlich wirken die fest mit beiden Beinen im Leben stehenden Eichen auf ihre Umgebung oft wie menschliche Bulldozer. Wenn sie das Gefühl bekommen, dass sich ihnen jemand in den Weg stellen will, überfahren sie ihn, ohne lange nachzudenken. Außerdem wirken sie mitunter mürrisch und zurückweisend, weil sie wenig Zeit mit Höflichkeitsfloskeln oder absichtslosen Plaudereien verbringen. Die Eiche weiß um ihren Wert und erwartet das auch von ihren Mitmenschen.

Junge Eichen mögen eine gewisse Anpassungsbereitschaft mitbringen; mit zunehmendem Alter werden diese Vertreter des Baumkreises aber immer unflexibler. Sie stellen sich lieber den Härten des Lebens, als einen Schritt zurückzuweichen und zu sehen, ob es auf andere Art und Weise nicht viel leichter gehen könnte. Diskutieren hat da wenig Sinn. Eiche-Geborene haben feste Werte und lassen sich von diesen kaum abbringen. Aber sie sind tolerant genug, um anderen ihre Überzeugungen zu lassen – sofern die anderen ihrerseits sie in Ruhe lassen und keinen missionarischen Überzeugungseifer an den Tag legen.

Beruf und Berufung

Eichen sind geborene Selbstständige. Sie bauen Familienunternehmen zu wahren Imperien auf und sorgen dafür, dass alle im Unternehmen ihren Platz kennen und entsprechend handeln. Wer sich mit den dahinterstehenden Werten identifizieren kann, hat in einer solchen Organisation ein gutes Leben und zahlreiche Aufstiegsmöglichkeiten. Wer sich dagegen aus Prinzip gegen Autoritäten sträubt, der sucht sich besser einen anderen Arbeitgeber mit etwas weniger dominanten Zügen.

Qualität, Fleiß und Pünktlichkeit sind in von Eichen geführten Unternehmen die drei Säulen, auf denen der Erfolg aufgebaut ist. Ein Verstoß gegen diese Werte wird geahndet. In anderen Bereichen sind Eiche-Chefs erstaunlich tolerant. Für sie zählt das Ergebnis, wie der Mitarbeiter es erreicht, ist seine Sache.

Als typischer Manager sieht sich die Eiche hingegen nicht. Sie möchte mit ihren Händen etwas schaffen, weshalb sie oft noch in klassischen Handwerksberufen und im Gastgewerbe zu finden ist.

Ist der Wirt eine Eiche, kann man jedenfalls fest darauf vertrauen, dass Küche und Keller gut sortiert sind und das Ambiente gediegen und gleichzeitig gemütlich ist.

Eichen-Beziehungen

Egal ob Mann oder Frau – in ihrer Beziehung gibt die Eiche den Ton an. Diskussionen um Urlaubsziele, Freizeitaktivitäten oder Wohnungswechsel führt sie erst gar nicht. Sie erwartet, dass die Familienmitglieder ohne große Worte folgen. Für Partner, die nie ganz erwachsen geworden sind und für pubertierende Kinder mag das mitunter schwierig sein. Für die Eiche ist es eine naturgegebene Ordnung, die nicht zu hinterfragen ist. Verhält sich die Familie erwartungsgemäß, hat sie mit einer Eiche als Familienoberhaupt ein sorgenfreies Leben mit allen Annehmlichkeiten, die dazu gehören. Verhält sie sich jedoch nicht dementsprechend, muss sie damit rechnen, aus dem Nest geworfen zu werden.

Eines haben Eiche-Geborene nämlich keinesfalls: das Gefühl, auf andere angewiesen zu sein und ohne die Lieben zu vereinsamen. Bevor die Eiche ihren Führungsanspruch aufgibt, lebt sie lieber allein. Wobei sich dieser Führungsanspruch interessanterweise mehr auf das materielle Leben als auf das geistige bezieht. Mit unterschiedlichen Weltbildern, anderen politischen Ansichten oder Gesinnungen tut sie sich erstaunlich leicht. Und das versöhnt viele Rebellen dann doch wieder mit dem „Eichen-Matriarchat".

Die Hasel

Die unscheinbare Genießerin

DATUM IM JAHRESKREIS:
22. bis 31.3. und 24.9. bis 3.10.

NUMEROLOGISCHE ZAHL: 6

ENERGIE: aufnehmend und nährend

ELEMENT: Wasser

FARBE: helles Lila

EDELSTEIN: heller Amethyst

ZENTRALER WIRKUNGSBEREICH: die nächste Generation

MEDIZIN: schweißtreibender Tee aus Blütenkätzchen

MOTTO: Bescheidenheit ist eine Zier, doch weiter kommt man ohne ihr.

SEHNSUCHT: die heimlichen Lebens- und Liebesfreuden

Vom Baum zum Symbol

Der Haselstrauch galt in der Welt der Kelten als ganz besonderes magisches Gewächs, das eng mit Magie und geheim wirkenden Kräften verbunden war. Aus Haselzweigen entstanden Wünschelruten, die nicht nur zum Aufspüren besonderer Orte, wertvoller Schätze oder verlorener Dinge dienten, sondern auch als Blitzableiter. Die Hasel schützte vor Hexerei und bösen Geistern, gab seelischen Halt und aufschlussreiche Träume.

Besondere Beachtung schenkten die Kelten der Fruchtbarkeit des Haselstrauches. Die Nüsse symbolisierten den Keim des neuen Lebens, der, kaum geerntet, Platz für karminrote Blüten macht, die nach dem Winter gemeinsam mit den Kätzchen wiederum für neue Früchte sorgen. So erneuert sich der ewige Kreislauf, indem ein Teil in den anderen greift.

Neben den magischen Verwendungen hatte die Hasel auch im täglichen Leben einen wichtigen Platz. Haselruten wurden zu Fischreusen, Körben und Weidezäunen verflochten, das Holz diente als Material für verschiedene Werkzeuge und Waffen. Da der Strauch bereits in der Antike weit verbreitet war, aber nicht von sonderlich auffallendem Wuchs, symbolisierte er auch die Anziehungskraft der Zärtlichkeit, die pure Schönheit und prächtige Äußerlichkeiten ausstechen kann.

Im Licht der Hasel

Menschen, die im Zeichen der Haselnuss geboren wurden, sind ambivalente Geschöpfe. Einerseits sind sie durchaus bereit, sich in den Dienst ihrer Nächsten zu stellen und zum Allgemeinwohl ihren Beitrag zu leisten. Andererseits sind sie aber selbst stille Genießer und den Freuden des Lebens zugeneigt. Doch was bei anderen Vertretern des Baumkreises Irritation verursacht, nimmt man bei einer menschlichen Haselnuss gelassen hin. Denn sie kann genießen, ohne deshalb gleich den Eindruck von Selbstsucht zu erwecken, sie versteht es zu feiern, ohne dabei über die Stränge zu schlagen, und zu lachen, ohne jemanden auszulachen.

Ihre Ehrlichkeit und Offenheit ist mitunter schonungslos, doch durch den ihr angeborenen Charme akzeptiert die Umgebung auch das eine oder andere kritische Wort. „Charme" ist dann auch das richtige Wort, um die optische Wirkung der Haselnuss-Geborenen zu beschreiben.

Auf äußere Pracht verzichten sie und treten auf den ersten Blick lieber unauffällig in Erscheinung. Auf den zweiten Blick kann sich jedoch kaum jemand der Wirkung dieser Menschen entziehen.

Am positivsten fällt bei der Haselnuss jedoch ihre Umsicht auf. Ohne aufdringlich zu werden sorgt sie für die (eigene) Zukunft vor und teilt dann all das, was sie nicht selber für ein angenehmes Leben benötigt, großzügig mit den Menschen ihrer Umgebung.

Im Schatten der Hasel

Beliebt und selbstsicher treten Haselnuss-Geborene ins Rampenlicht der Öffentlichkeit – um dort dann auch die größten Schatten zu werfen. Manchmal übertreiben sie nämlich ihr Bedürfnis, im Mittelpunkt zu stehen. Sie machen dies zwar auch dann nie aufdringlich und schrill, dennoch kann das für ihre Umgebung recht anstrengend wirken. Aber so ist dies nun mal mit extrovertierten Menschen. Was bei der Haselnuss aber noch hinzukommt, ist der ungewöhnliche Umstand, dass sie sich dabei auch selber ermüdet, ohne den Grund zu erkennen. Sie sonnt sich in der Aufmerksamkeit ihrer Umgebung und verliert dabei immer mehr die eigenen Ziele und Lebensthemen aus den Augen. Was dann folgt, ist wie ein Teufelskreis: Die Haselnuss verliert einen Teil ihres natürlichen Charmes, kommt mit ihrer

Offenheit nicht mehr so gut bei ihren Mitmenschen an und verliert daraufhin weiter an Anziehungskraft, was sie aber nicht will und weshalb sie ihre Anstrengungen verstärkt, von ihrer Umgebung wahrgenommen zu werden. Dabei greift sie zu ihrer stärksten Waffe, dem offenen Wort, was bei ihrer Umgebung nicht gut ankommt …

Ein weiterer Schatten der Haselnuss liegt in ihrem mitunter übersteigerten Konkurrenzdenken. Statt sich über die Früchte der eigenen Arbeit zu freuen, schielt sie auf die Ernte der Nachbarn und stellt Vergleiche an. Obwohl sie es im Grunde nicht so meint, wirkt sie dann auf andere habgierig und neidisch. Und auch das kratzt an der ihr eigenen Anziehungskraft.

Beruf und Berufung

Haselnuss-Geborene schaffen es oft weit hinauf auf der Karriereleiter. Wobei sie dabei weitgehend auf Imponiergehabe verzichten. Sie lehnen sich stattdessen bei Innovationen und anderen Veränderungen weit aus dem Fenster und betreten freudig Neuland, wo andere Kollegen noch mit der Analyse der Risiken beschäftigt sind. Auf eine ordentliche Bezahlung legt die Haselnuss großen Wert, sie ist aber durchaus auch bereit, in die eigene Zukunft durch einen Verzicht auf Freizeit und Einkommen zu investieren. Wohlgemerkt tut sie dies aber nur über einen begrenzten Zeitraum, schließlich weiß sie, dass nur derjenige auch einen Wert hat, der etwas kostet.

Als Chef ist die Haselnuss in aller Regel sehr tolerant, allerdings verzichtet sie kaum auf eigene Vergünstigungen, um einem Mitarbeiter etwas extra zukommen zu lassen. Trotzdem kann man in aller Regel von Glück sprechen, wenn man einen Haselnuss-Geborenen zum Vorgesetzten hat, lässt er doch seinen Mitarbeitern genügend Freiraum, um eigene Ideen umzusetzen.

Hasel-Beziehungen

Die Haselnuss ist charmant und liebenswürdig, mehr noch, man kann sie eigentlich nur als großartigen Liebespartner bezeichnen. Was ihr an körperlicher Schönheit oder optischem Aufputz fehlt, ersetzt sie durch die Innigkeit ihrer Gefühle – und durch eine gehörige Portion Sex. Dass sie manchmal die Liebe an sich mehr zu lieben scheint als den konkreten Partner, ist allerdings ein Umstand, an den sich viele erst gewöhnen müssen. Daher benötigt man an der Seite einer Haselnuss auch eine gerüttelte Portion eigenes Selbstbewusstsein.

Aber mit etwas Toleranz und viel Humor hat man einen wirklich tollen Partner in der Haselnuss.

Eine weitere Schwierigkeit besteht für ruhigere Zeitgenossen in einer Beziehung mit der Haselnuss vor allem darin, den extrovertierten Partner daran zu erinnern, dass er seinen Charme nicht nur in Gesellschaft, sondern auch zu Hause versprühen darf. Aber da hilft das gleiche Rezept: Selbstvertrauen und viel Humor.

Die Eberesche

Die Glücksbringerin

DATUM IM JAHRESKREIS:
1. bis 10.4. und 4. bis 13.10.

NUMEROLOGISCHE ZAHL: 8

ENERGIE: aufnehmend und nährend

ELEMENT: Erde

FARBE: Gelb

EDELSTEIN: Mondstein

ZENTRALER WIRKUNGSBEREICH: die eigene
Entwicklung im Dienste der Gesellschaft

MEDIZIN: Tee gegen Magen- und Darmerkran-
kungen

MOTTO: Jeder hat die Möglichkeit, ein Stück
der Welt zu verbessern – nämlich sich selbst.

SEHNSUCHT: das Glück einer spirituellen Existenz

Vom Baum zum Symbol

Die Eberesche oder Vogelbeere ist ein Strauch oder
kleiner Baum, dessen fiedrige Blätter sehr zart wirken.
Aber es ist genau dieses Zarte, das den Baum unangreifbar durch Wind und Sturm werden lässt.
Außerdem nehmen diese Blätter anderen Pflanzen
kaum Licht, so dass die Eberesche auch die Gesellschaft anderer zulässt. Ihre kräftigen, weit
vernetzten Wurzeln stabilisieren Hänge und tragen
zur weiteren Verbreitung des feingliedrigen Ge-
wächses bei. Das Holz der Eberesche ist hart und
zäh, aber gleichzeitig auch elastisch und biegsam.
Schon in der Antike wurde es für Drechsler- und
Schnitzarbeiten genutzt. So waren beispielsweise
die Weberschiffchen Jahrhunderte hindurch bevor-
zugt aus Ebereschenholz.

Die hellroten Beeren erscheinen zunächst nur für
Vögel verträglich, die sie tatsächlich als Leckerbissen
mögen. Menschen reagieren auf den übermäßigen
Genuss von Vogelbeeren allerdings mit Übelkeit,
Durchfall und rauschähnlichen Zuständen.

Kochen oder alkoholische Gärung verhindern diese
Nebenwirkungen, weshalb die Vogelbeere durchaus genießbar ist.

Archäologische Funde legen nahe, dass die rausch-
artige Wirkung von den keltischen Druiden für rituelle
Zwecke genutzt wurde. Daher säumten sie auch
Richt- und Kultplätze mit dem Baum. Er galt ihnen
als Symbol für Weisheit, Stabilität und Schutz. Außerdem betrachteten sie ihn als Glücksbringer, der vor
allem für die Gesellschaft Positives bewirkte.

Im Licht der Eberesche

Menschen, die an Tagen der Eberesche geboren wurden, sagt man ein ungewöhnlich hohes Maß an Selbstreflexion nach. Kritisch hinterfragen sie ihr eigenes Tun und streben ständig danach, sich persönlich weiterzuentwickeln. Wobei es ihnen weniger um materielle Dinge geht als vielmehr um spirituelle und charakterliche Reife. Sie glauben daran, dass jeder Mensch auf dieser Welt seinen ureigenen persönlichen Auftrag hat, etwas zur Gemeinschaft beizutragen und sich mit seinen individuellen Fähigkeiten in den Dienst der Gesellschaft und der Welt als Ganzes zu stellen. Dabei legen sie zunächst einmal enorm hohe moralische Maßstäbe an sich selber an.

Gleichzeitig sind Ebereschen überraschend eigenständig. Sie kümmern sich kaum darum, was andere von ihnen denken. Für sie ist jeder Mensch selbst das Maß aller Dinge. Hohes Gerechtigkeitsempfinden und tiefe Zuneigung zu den Menschen gehen damit Hand in Hand. Dass sie gleichzeitig sozial orientiert sind und die Gemeinschaft zu anderen suchen, macht sie überaus beliebt.

Zudem besitzt die menschliche Eberesche großes Interesse an den spirituellen Seiten des Lebens. Sie sucht nach dem universellen Sinn des Lebens, nach der großen Quelle der Schöpfung. Und auch dort benötigt sie niemanden, der ihr sagt, was sie wie und wo zu glauben hat. Kirchengänger sind Ebereschen daher nur in Ausnahmefällen. Sie suchen ihre Spiritualität eher in der eigenen Existenz.

Im Schatten der Eberesche

Ebereschen im Licht sind harmonische, tief in sich ruhende Geschöpfe, Ebereschen im Schatten sind konfliktscheu und werden zunehmend eigenbrötlerisch. Da sie ohnehin dazu neigen, die Ursache für Fehlentwicklungen und Probleme bei sich zu suchen, neigen sie dazu, sich permanent selber zu überfordern. Außerdem stellen sie gerne ihr Licht unter den Scheffel und übersehen dabei, dass auch die eigene Flamme Luft zum Atmen braucht, um nicht eines Tages zu erlöschen. Werden ihre Beiträge zu einer schöneren, harmonischen Welt über lange Zeit von der Umgebung verkannt, ziehen sie sich frustriert zurück und leiden dadurch umso mehr. Schließlich sind sie alles andere als geborene Eigenbrötler.

Daher müssen viele Ebereschen erst mühsam lernen, dass Liebe und Zuwendung nicht immer bedingungslos gelebt werden können, sondern Spielregeln brauchen, an die sich auch die anderen halten müssen.

Hin und wieder entwickeln menschliche Ebereschen auch so etwas wie ein „Michael-Kohlhaas"-Syndrom. Dann agieren sie wie der Robin Hood der deutschen Geschichte, ziehen im Namen der Gerechtigkeit in den Kampf und richten dabei mehr Leid und Zerstörung an, als sie Gutes bewirken können.

Beruf und Berufung

Ebereschen sind überall dort gut aufgehoben, wo es um (innere) Schönheit und Harmonie oder um den Sinn des Lebens geht. Als Therapeuten haben sie allerdings oft das Problem, sich ausreichend von den Nöten ihrer Klienten abzugrenzen. Daher suchen sie sich häufig ein Umfeld, in dem sie mit Gruppen arbeiten können. Als Kommunikationstrainer beispielsweise haben sie das Gefühl, etwas Sinnvolles zu leisten, ohne der Gefahr aufzusitzen, sich zu sehr in die persönlichen Probleme der Einzelnen hineinziehen zu lassen.

Aber auch im Journalismus, in einer Non-Profit-Organisation oder in der Politik fühlen sich Ebereschen schnell zu Hause. Dort können sie ebenfalls für ihre Ideale kämpfen, ohne dabei zu stark in individuelle Konflikte hineingezogen zu werden. Wobei ihnen die große Karriere oft verwehrt bleibt, weil ihr Hang zu Macht und Geld zu wenig ausgeprägt ist.

Ebereschen, die beruflich kein Umfeld finden, in dem sie sich engagieren können, suchen sich im Privatleben oft einen Ausgleich und engagieren sich etwa in der Pfadfinderbewegung, der kirchlichen Jugendarbeit, der ehrenamtlichen Bewährungshilfe oder in einer Umweltschutzorganisation. Darüber hinaus sind sie auch überproportional häufig als Vortragende in der „Eso-Szene" zu finden, wo sie spirituelle Praktiken an die Suchenden unserer Zeit weitergeben.

Ebereschen-Beziehungen

Mit einer glücklichen, ausgeglichenen Eberesche an seiner Seite hat man den Himmel auf Erden. Diese Geschöpfe investieren viel Aufmerksamkeit, viel Gefühl und viel Bereitschaft, miteinander etwas aufzubauen, in ihre Partnerschaft. Alles in allem sind sie leidenschaftlich Liebende, auf geistiger wie auf körperlicher Ebene. Läuft allerdings etwas schief, hat man es schwer, diese Beziehung wieder ins rechte Lot zu rücken. Ebereschen schweigen nämlich viel zu lange, wenn ihnen etwas nicht gefällt.

Im Gegenteil, zunächst intensivieren sie sogar ihre Bemühungen, so dass viele weniger feinfühlige Zeitgenossen glauben, dass ohnehin alles wunderbar passt. Wird es der Eberesche dann doch irgendwann zu viel, zieht sie sich völlig erschöpft zurück. Dann hat sie weder die Kraft noch die Lust, die Beziehung zu reparieren, sondern sucht sich lieber einen neuen Partner. Bei ihm entwickelt sie bei Krisen und Konflikten wieder die gleiche fatale Schweigsamkeit, gepaart mit erhöhtem Einsatz.

Der Ahorn

Ein Rebell

DATUM IM JAHRESKREIS:
11. bis 20.4. und 14. bis 23.10.

NUMEROLOGISCHE ZAHL: 5

ENERGIE: fordernd und formend

ELEMENT: Luft

FARBE: Himmelblau

EDELSTEIN: Beryll

ZENTRALER WIRKUNGSBEREICH: die eigene
Individualität

MEDIZIN: entzündungshemmend

MOTTO: Ich bin, wie ich bin.

SEHNSUCHT: Ich bin o.k., so wie ich bin.

Vom Baum zum Symbol

Der Ahorn sieht aus wie der verkörperte Eigensinn unter den Bäumen. Knorrig und mächtig wächst er auch in Höhen, in denen er eigentlich keine geeigneten Lebensbedingungen mehr antrifft. In Hochwäldern strebt er wie die Tanne mit kleiner Krone in die Höhe, als einzeln stehender Baum dehnt er sich wie Eiche oder Buche mächtig aus, wobei die Krone dann oft schon knapp über dem Boden beginnt.

Eigenwillig ragen die Äste in den Himmel, während sich der Stamm aufgrund zu hoher Belastung oft schon knapp über dem Boden teilt und dem Baum damit ein gutes Stück Stabilität zu fehlen scheint. Oft wundert man sich, dass solche Nebenstämme nicht abbrechen, scheinen sie doch den Gesetzen der Statik völlig zu widersprechen. Bemüht man allerdings einen Radiästheten, stellt man erstaunt fest, dass der Ahorn Kraftpunkte des magnetischen Erdfeldes nutzt, um seine eigenwillige Form zu stabilisieren.

Die Kelten beobachteten dieses merkwürdige Verhalten des Baumes vermutlich genau, denn sie schrieben ihm das besondere Vermögen zu, Kraft für die Suche nach der eigenen Identität zu mobilisieren.

Der voll belaubte Ahorn stand darüber hinaus für ein langes, stabiles Lebensglück trotz widriger Umstände; verlor er jedoch die Blätter aufgrund von ungünstigen Witterungsbedingungen oder Krankheit, so büßte er mit seinem Laub auch das Glück und die (Selbst-)Zufriedenheit ein.

Im Licht des Ahorns

Menschen, die an Ahorn-Tagen geboren wurden, sind die Rebellen des Baumkreises. Man sagt ihnen einen gewissen Eigensinn nach, den sie jedoch mit viel Originalität und Spontaneität zu würzen wissen. In ihrer Gesellschaft ist einem jedenfalls nie langweilig. Offen gehen sie auf andere Menschen zu, erfassen neue Ideen und setzen sie in Windeseile um. Selber agieren sie ebenfalls häufig als Impulsgeber für Innovation, weil ihr wacher Verstand ständig auf der Suche nach neuer Nahrung ist. Dynamisch brausen sie durch das eigene Leben und agieren dabei so mitreißend, dass sich andere ihnen bereitwillig anschließen.

Wobei Ahorn-Geborenen es im Grunde egal ist, ob ihre Ideen aufgegriffen werden oder nicht.

Ihr wesentliches Anliegen ist die Suche nach der eigenen Identität, dem, was sie in ihrem tiefsten Inneren ausmacht. Offen sprechen sie aus, was ihnen gerade in den Sinn kommt und kümmern sich nicht groß darum, was das bei ihrem Gegenüber auslöst. Da sie aber sehr charmant und unterhaltsam sind und mit Kritik auch selber gut umgehen können, nimmt ihnen ihre Umgebung das meist nicht sonderlich übel.

Zudem sind Ahorn-Geborene sehr ehrgeizig. Sie wollen Spuren auf dieser Welt hinterlassen, und zwar Spuren des eigenen, individuellen Erfolgs. Die Symbole dieses Erfolges zeigen sie dann auch stolz, etwa mit dem neuen Auto, der coolen Uhr oder einer ganz besonderen Sammlung origineller Dinge.

Im Schatten des Ahorns

Der Schatten wird beim Ahorn-Geborenen besonders dann deutlich, wenn er gerade wieder einmal in einem Stimmungstief steckt. Denn dann äußert er seine schlechte Laune ebenso spontan und offen, wie er dies ansonsten mit seinem Witz und seiner Originalität zu tun pflegt.

Auf die Gefühle seiner Umgebung nimmt er dabei so gut wie keine Rücksicht. Er ist schlecht drauf und damit basta. Zart besaitete Vertreter des Baumkreises wie Birke, Feige oder Apfelbaum sind dann schnell beleidigt, disziplinierte wie die Buche werden schlicht wütend.

Das stört den Ahorn zwar, bewegt ihn aber keineswegs dazu, sich etwas am Riemen zu reißen. Im Gegenteil, er steigert dann seine Ruhelosigkeit noch weiter und stößt seine Umgebung noch mehr vor den Kopf.

Darüber hinaus neigen viele Ahorn-Geborene zur Maßlosigkeit. Ihr Hang zu luxuriösen Dingen bekommt dann etwas Protziges, ihr Wunsch nach Erfolg etwas Angeberisches. Zwar fügen sie sich dabei selber den größten Schaden zu, aber das macht die Sache für die Menschen in ihrem Umfeld auch nicht leichter.

Beruf und Berufung

Beruflich sind Ahorn-Geborene überall dort gut aufgehoben, wo sie ihre Individualität und ihre Kreativität ausleben können und wo es ein großes, bewunderndes Publikum gibt. Im Marketing, in der Werbebranche oder auch in künstlerischen Berufen laufen sie zu voller Größe auf. Wobei die Branche gar nicht so ausgefallen sein kann, dass der Ahorn nicht durch zusätzliche schräge Ideen auffällt.

Gleichzeitig sind sie aber auch so ehrgeizig, dass sie es in „seriösen" Unternehmen bis an die Spitze bringen. Wobei sie auch in der konservativsten Industrie durch neue Ideen und ausgefallene Vorgehensweisen auffallen. Für sie zählt die Wirkung, der Weg dorthin ist für sie nebensächlich.

Als Chefs sind Ahorn-Geborene oft ambivalent. Einerseits besitzen sie viel Charisma und haben daher ihre begeisterte Anhängerschaft. Andererseits agieren sie aber so sprunghaft, dass ihre Mitarbeiter nur schwer folgen können. Aber letztlich gibt ihnen der Erfolg so gut wie immer Recht, so dass es kaum sinnvoll ist, sich ihren rastlosen Plänen zu widersetzen.

Ahorn-Beziehungen

Mit einem Ahorn als Partner kann man sich auf ein bewegtes Leben gefasst machen. So unermüdlich er in allen anderen Lebensbereichen ist, so emsig rührt er auch im Beziehungsleben herum. Wobei Ahorn-Geborene von ihren Partnern unendlich viel Verständnis für die eigenen Launen und Befindlichkeiten erwarten. Andererseits sind sie aber auch bereit, auf ihr Gegenüber einzugehen und ihm mit Rat und Tat zur Seite zu stehen.

Ahorn-Partner sind starke Persönlichkeiten. Die Dominanz lassen sie sich in einer Beziehung keinesfalls aus der Hand nehmen. Zu viel Anschmiegsamkeit schätzen sie dagegen bei ihrem Partner auch nicht. Sie wollen nicht nur kuscheln, sie wollen Aktion. Mit einem Ahorn kann man Tantra-Seminare besuchen, Abenteuerurlaube buchen oder ein Haus bauen. Man muss sich nur immer wieder vergegenwärtigen, dass dieser Partner auch seinen Freiraum benötigt, in dem er sich ungestört auf die Suche nach seiner eigenen Identität machen kann, ohne dabei ständig vom Partner beobachtet oder gar gegängelt zu werden.

Die Birke

Der Baum des Lichts

DATUM IM JAHRESKREIS: 24.6.

NUMEROLOGISCHE ZAHL: 2

GESCHLECHT: weiblich

FARBE: Silber

EDELSTEIN: Smaragd

ZENTRALER WIRKUNGSBEREICH: Selbstfindung

MEDIZIN: Blutreinigend bei Nieren- und Blasenleiden, Schönheitselixier für Haut und Haare

MOTTO: Der „silberne Mittelweg" ist die zweitbeste Lösung.

SEHNSUCHT: das Licht am Ende des Tunnels

Vom Baum zum Symbol

Gemeinsam mit der Kiefer besiedelte die Birke schon früh weite Teile Europas. Vor allem im hohen Norden bildete sie ausgedehnte Wälder, in denen sich im Sommer die Mitternachtssonne in den weiß gefleckten Rinden fing und für feenhafte Stimmung sorgte.

Die Birke ist ein Pionier, der sich auch unter extremen Witterungsbedingungen gut entwickelt und bereits im Spätwinter seine zartgrünen Blätter ansetzt. Wind und Wetter können ihr nicht viel anhaben, Birken sind robuster, als ihre schlanke Gestalt und ihre biegsamen Ruten vermuten lassen. Ihre Blätter haben es in sich: Sie enthalten so viel Gerbsäure, dass man mit ihnen ohne weitere Hilfsmittel Tuch und Wolle färben kann – etwas, was sonst nur mit Walnussschalen möglich ist. Ihre Rinde dient als Brennhilfe beim Feuermachen, ihr Holz ist als Brennholz auch deshalb beliebt, weil es sogar im feuchten Zustand noch recht gut brennt.

Die Verbindung aus Kälteresistenz, frühem Laub und guten Brenneigenschaften machte die Birke für die Kelten zum Baum des Frühjahres und des Lichtes. Stand die Tanne am Anfang des Lebens und die Eibe am Ende, so markierte die Birke den Schritt ins Erwachsenwerden.

Birken wirkten auf die Kelten wie junge Mädchen, sie symbolisierten die Unbefangenheit der erwachenden Liebe und den Zauber des Lebensfrühlings. Das hatte letztlich auch damit zu tun, dass Birken bereits als junge Bäume wirken, während etwa Eichen oder Linden erst ein gewisses Alter erreichen müssen, um aufzufallen. Und sie bewahren sich ihre Wirkung bis ins hohe Alter.

Im Licht der Birke

Wer im Zeichen der Birke geboren wurde, ist etwas ganz Besonderes. Immerhin regiert sie nur einen einzigen Tag im Jahreszyklus, so dass es nicht viele Menschen gibt, die von sich sagen können: „Ich bin eine Birke".

Menschlichen Birken sagt man nach, dass sie ein sympathisches Wesen und eine helle, fröhliche Art besitzen. Sie gelten als lockere, flexible Menschen, die Licht und Fröhlichkeit um sich herum verbreiten. Birken sind gerne gesehene Gäste und angenehme Stimmungsmacher.

Sie wirken auch im Alter noch jung, was vor allem mit ihrem beweglichen Verstand und ihrer ausgeprägten Intuition zu tun hat. Birken suchen den harmonischen Ausgleich, entwickeln Verständnis für die Bedürfnisse anderer und passen sich mitunter auch sehr launischen Zeitgenossen auf eine stille, unauffällige Art und Weise an. Birken haben einen wachen Geist, sie scheuen nicht davor zurück, Verantwortung zu übernehmen und sie sind in der Lage, ausdauernd und konsequent zu arbeiten.

Im Schatten der Birke

Die Schatten der Birke werden offensichtlich, wenn man auf die ursprüngliche Symbolik des Baumes sieht. Die Birke ist wie ein junges Mädchen, das sich sichtlich bemüht, seinen Platz in der erwachsenen Gesellschaft einzunehmen. Sein Streben ist noch von den Ausläufern der Pubertät berührt; es bemüht sich zwar einerseits, Verantwortung zu übernehmen, ist aber andererseits noch stark mit sich selber beschäftigt. Es ist noch nicht so selbstbewusst und in sich gefestigt wie die erwachsene Frau, kennt seine Rolle noch nicht vollständig, entfaltet aber dennoch rege Aktivitäten.

Diese im Grunde positiven, aber die eigenen Grenzen erkundenden Aktionen stoßen im Umfeld der menschlichen Birke auf Irritation. Ihr Einsatz wirkt wie die Pollen des Baumes, die im Frühjahr die nahende Fruchtbarkeit ankündigen, aber bei vielen Menschen auf allergische Abwehr stoßen. Birkenpollen reizen die Nase und bringen das Auge zum Tränen, kurz, sie sorgen für Abwehr, obwohl niemand so genau sagen kann, was den Reiz ausgelöst hat. Es ist das Unbehagen der fortschreitenden Entwicklung, das die Birke so gut verkörpert, dass andere sich in ihrem Beisein abgrenzen müssen.

Beruf und Berufung

Birken vereinigen auf eine ganz besondere Weise Intuition und Intellekt. Daher bringen sie es im Beruf meist besonders weit, ohne dass jemand sagen könnte, worin ihre besondere Durchsetzungsfähigkeit eigentlich besteht. Birken drängen niemanden aggressiv aus dem Spiel. Sie sorgen auf eine elegante Weise dafür, dass sie selber und die ihnen anvertrauten Menschen den notwendigen Platz für ihre Entwicklung bekommen. Als Chefs sind etwas reifere Birken vor allem deshalb beliebt, weil sie es verstehen, dem Nachwuchs im Unternehmen Luft für seine Entwicklung zu verschaffen.

Ideale Berufe für Birken sind beratungsintensiv. Sie verstehen es, auf unaufdringliche Art und Weise Kontakte zu knüpfen, andere Menschen zum Reden zu bringen und sich dabei zu öffnen. Daher sind Birken gute Ärzte, hervorragende Berater, aber oft auch exzellente Verkäufer. Als solche agieren sie so gut wie nie wie Klinkenputzer und wirken auch nicht wie aufdringliche Keiler. Sie finden die tatsächlichen Bedürfnisse ihres Kunden heraus und „fair-kaufen" auf diese Weise statt zu verkaufen.

Birken-Beziehungen

Aufgrund all ihrer positiven, besonders liebenswürdigen Eigenschaften wirken Birken wie der Inbegriff des Gemeinschaftsmenschen, obwohl sie sich mit den eigenen Gefühlen und inneren Potentialen in Wahrheit viel gründlicher auseinandersetzen als mit anderen. In der Gesellschaft einer Birke zu sein ist einfach so angenehm, dass ihr Hang zur Egozentrik nicht weiter störend auffällt.

Besonders intensive Gefühle entwickelt die Birke kaum für andere. Da sie jedoch die Harmonie liebt, bereit ist, Verantwortung zu übernehmen und die Gesellschaft anderer Menschen sucht, ist sie ein angenehmer Lebenspartner.

Mit einer Birke an Ihrer Seite können Sie auf ein gemütliches, warmes und helles Heim hoffen, in dem es sich angenehm leben lässt. Sauberkeit und Ordnung ist Birken ein großes Anliegen, allerdings können sie durchaus ein wenig Unterstützung dabei brauchen, ihren Idealen in dieser Richtung Realität zu verleihen. Leidenschaftliche Ausbrüche oder die großen erotischen Eskapaden sind an der Seite eines Birke-Geborenen – je nach Vorliebe – allerdings weder zu erhoffen noch zu fürchten.

Die Olive

Die Modebewusste

DATUM IM JAHRESKREIS: 23.9.

NUMEROLOGISCHE ZAHL: 8

ENERGIE: aufnehmend und nährend

ELEMENT: Erde

FARBE: durchsichtig

EDELSTEIN: Diamant

ZENTRALER WIRKUNGSBEREICH: die Gemeinschaft mit Gleichgesinnten

MEDIZIN: Öl senkt den Cholesterinspiegel,
pflegt die Haut

MOTTO: Gewogen und zu leicht befunden.

SEHNSUCHT: Geborgenheit in der Gemeinschaft

Vom Baum zum Symbol

Oliven gehören neben Eiben und Eichen zu den Ur-
alten des Baumreichs. 1500 bis 2000 Jahre alt kann
ein Olivenbaum werden, wenn er ausreichend viel
Sonne bekommt und keinen Frösten ausgesetzt
wird. Ansonsten ist der produktive Baum selbst
sehr genügsam. Seine Stecklinge lassen sich leicht
verpflanzen, man muss nur auf einen ausreichend
sonnigen Standort und lockeren, sandigen Boden
achten.

Die Kelten kannten den Ölbaum von ihren Kriegs-
zügen nach Italien und Griechenland; einige Kelten-
stämme waren aber auch in der Heimat der Olive
im Mittelmeerraum und an der kleinasiatischen
Küste ansässig. Die übrigen importierten das begehrte Öl sowie das dunkle, hübsch gemaserte
Holz zum Drechseln von Tellern und Bestecken im
Rahmen ihrer ausgedehnten Handelsaktivitäten.

Besonders groß wird die Olive trotz ihres beträcht-
lichen Alters nicht und man kann auch nicht

behaupten, dass die silbrig schimmernden Bäume
imposant wären. Aber sie haben eine ihnen eigene
Anmut.

Symbolisch ist die Olive gemeinsam mit dem Wein
und der Feige ein Zeichen für Wohlstand und Glück,
aber auch für Weisheit, Harmonie und Schönheit.
Olivetage stehen im Zeichen der Gemeinschaft,
in der das Wohlergehen aller zum Maß der Dinge
wird, ohne dass der Einzelne auf etwas verzichten
müsste.

Im Licht des Olivenbaums

Menschen, die an dem Tag geboren wurden, der vom Olivenbaum regiert wird, gehören wie Eichen-, Buchen- und Birkengeborene zu einer seltenen Spezies. Die Olive markiert nämlich nur einen einzigen Tag, den der Herbst-Tagundnachtgleiche. Dieses besondere Datum enthüllt auch den Charakter der Olive-Geborenen.

Man sagt Oliven ein besonderes Bedürfnis nach Harmonie nach. Hinter ihnen liegt eine Zeit, in der die Tage länger waren als die Nächte; vor ihnen wartet die Dunkelheit, die für ein halbes Jahr die Nacht verlängert.

Menschliche Olivenbäume sind geprägt von einer tiefen Sehnsucht nach der Helligkeit der Harmonie. Ihr eigenes Wesen ist optimistisch, lebensbejahend und sinnlich.

Sie wissen allerdings um den Schein der Oberflächlichkeit und sehnen sich nach emotionalem Tiefgang, obwohl sie die Schatten der Nacht fürchten. Daher erkunden sie ihre Umgebung ständig nach Anzeichen von Streit und Disharmonie. Sie sind wie menschliche Radargeräte, die jede Trübung der Stimmung augenblicklich zu orten scheinen. Dann bemühen sie sich, die Dinge wieder ins Lot zu bringen, wobei sie besonders einfühlsame und geduldige Zuhörer sind. Darüber hinaus sagt man ihnen Verschwiegenheit nach, so dass sie das Vertrauen ihrer Umgebung genießen.

Im Schatten des Olivenbaums

Menschliche Olivenbäume haben aber unzweifelhaft auch ihre Schattenseiten. Oft bleiben sie genau an der Stelle hängen, die sie am meisten verachten: an der Oberflächlichkeit. Dann jagen sie Modeströmungen oder Zeitgeist nach, ohne sich intensiver mit dem Sinn ihres Tuns auseinanderzusetzen. Selber haben sie dann meist das Gefühl, ohnehin nur das zu machen, was andere von ihnen erwarten, ohne diesen Eindruck näher zu hinterfragen. Auf diese Weise wird die an sich sehr sympathische Olive zur Getriebenen scheinbarer Zwänge und wundert sich, warum man ihr den Vorwurf macht, als (männliche oder weibliche) „Tussi" durchs Leben zu gehen.

Außerdem sind Oliven konfliktscheu bis zur Harmoniesucht. Auf aufgestaute Gefühle reagieren sie wie der Baum auf gestaute Nässe. Sie werden krank und vegetieren vor sich hin. Oft können sie noch nicht einmal benennen, was sie so stört – und das macht Abhilfe natürlich schwer möglich.

Egal, welche Eigenart der Olive den Schatten wirft: Heraus kommt sie immer nur über die ihr eigene Sehnsucht nach Wahrhaftigkeit. Dafür muss sie sich aber ab und zu zurückziehen und über den Sinn des Lebens nachdenken.

Beruf und Berufung

Menschen, die am Tag des Olivenbaums geboren wurden, machen nur in Ausnahmefällen große Karrieren. Sie engagieren sich lieber in einem Team, als sich einsam an die Spitze eines Unternehmens vorzukämpfen oder ebenso einsam den eigenen Betrieb durch die Unwirtlichkeit des Wirtschaftslebens zu boxen. Am wohlsten fühlen sie sich, wenn sie ihr ästhetisches Empfinden, ihr Gefühl für Formen und Farben ausleben können. In der Modebranche, als Dekorateure oder Innenarchitekten, Landschaftsgestalter und in ähnlichen kreativen Bereichen laufen sie zu Höchstformen auf. Aber auch in der Sorge für andere Menschen sind Oliven-Geborene gut aufgehoben.

Mit am wichtigsten für sie ist der Kontakt mit anderen, wobei sie durch ihre fröhliche, optimistische Grundeinstellung oft den Ruf des „Klimatechnikers" in der Abteilung haben. Übrigens findet man sie auch oft in den Betriebsräten ihrer Unternehmen, weil es ihnen ein Herzensanliegen ist, dass sich alle im Betrieb wohlfühlen. Als solche organisieren sie allerdings lieber den jährlichen Betriebsausflug und engagieren sich für eine Teeküche oder einen Betriebskindergarten, als um Lohnabschlüsse oder Feierabendregelungen zu kämpfen.

Olivenbaum-Beziehungen

Menschliche Vertreter des Olivenbaums sind bezaubernde Geschöpfe. Charmant verstehen sie sich auf die Kunst des Flirts und der gepflegten Konversation. Geduldig hören sie zu und umgarnen auf diese Art und Weise so gut wie jedes Gegenüber. Da sie es zudem meist verstehen, sich geschickt und geschmackvoll zu kleiden und um sich herum Schönheit und Harmonie zu verströmen, sind sie begehrte Partner. Sie lesen dem Partner den kleinsten Wunsch von den Lippen ab und bemühen sich sehr, mögliche Konfliktpunkte bereits im Vorfeld auszuschalten.

Wobei das vorher Gesagte nur mit einer Ausnahme gilt: Dieses gefällige Geschöpf hat durch all diese positiven Eigenschaften auch die besondere Gabe, seinen Mitmenschen im Seelengarten herumzutrampeln. Die Olive liebt – ähnlich wie Feige und Apfelbaum – den Flirt und versteht nicht, warum ihr andere Vertreter des Baumkreises mit einem ausgeprägten Ordnungssinn oder starken Besitzansprüchen Leichtfertigkeit vorwerfen. Wer also die Beziehung zu einer Olive sucht, sollte sich darauf einrichten, dass dieser Partner mehr Freiraum benötigt und nutzt als andere.

Register

Genehmigte Lizenzausgabe
tosa GmbH
Industriestraße 19
64407 Fränkisch-Crumbach 2020
www.tosa-verlag.de

Layout, Satz und Umschlaggestaltung:
design cat GmbH

ISBN 978-3-86313-133-3

Bildnachweis:

shutterstock: Aleoks 94; Alexander Denisenko 85; alpinenature 35; Alvor 108; Anastasia Lembrik 88; Andrew Fletcher 34; Animaflora PicsStock 84; annalisa e marina durante 118; annarepp 64; Ann Cantelow 74; anmo 38; Arevka 103; artdock 4, 6, 7, 8, 11, 13, 15, 17, 18, 22, 23, 27, 28, 32, 33, 37, 38, 42, 43, 47, 48, 52, 53, 57, 58, 62, 63, 67, 68, 72, 73, 77, 78, 82, 83, 87, 88, 92, 93, 97, 98, 102, 103, 107, 108, 112, 113, 117, 118, 122, 123, 127; arxichtu-4ki 24, 93; BGphotoaesthetics 33; Bildagentur Zoonar GmbH 7, 41, 55, 107; ChWeiss 86; cineuno 27; Cogi66 45; COULANGES 106; Danilova Janna 7; Dariush M 97; Dark_Side 39; David A. Litman 70; David Dennis 100; Digoarpi 78; Doug Armand 7; dugdax 29, 30; Dzmitrock 16; Elyaka 28; EV-DA 123; ersen sener 7; Ewa Studio 98; Flowerinna 44; footageclips 92; Gines Romero 89; givaga 11; Greg Kushmerek 53; Gringoann 60, 84; guentermanaus 48; guteksk7 14; helgafo 81; Henrik Larsson 63; Iakov Filimonov 88; Iakov Kalinin 73; Ian Grainger 7, 103; imageBROKER.com 51; Infografx 20, 24, 29, 34, 40, 44, 51, 54, 59, 64, 71, 74, 80, 84, 91, 94, 100, 104, 110, 114, 120, 124; InspiringMoments 7; islavicek 83; Iva Villi 78; Ivonne Wierink 105; Jan Stria 83; Jazzi 33; JECHM 33; JoannaTkaczuk 7, 25; JohnatAPW 43; JOSE RAMIRO LAGUNA 46; Karin Jaehne 111; Kateryna Mashkevych 91; Katsiuba Volha 43; Keith Naylor 15; knickknack 58; KoSvetok 7; krolya25 7; Landscape Nature Photo 58; Larsfox11Irina 73; Lauredin 49; LeManna 95; Lenar Musin 126; Leyla Ismet 123; LFRabanedo 26; LifeCollectionPhotography 53; Lyubov Tolstova 54; Margo Miller 68; Martin Fowler 116; Matauw 18; Mikee408 71; MR BUDDEE WIANGNGORN 4-16, 18-21, 23-26, 28-31, 33-36, 38-41, 43-46, 48-51, 53-56, 58-61, 63-66, 68-71, 73-76, 78-81, 83-86, 88-91, 93-96, 98-101, 103-106, 108-111, 113-116, 118-121, 123-127; Mr. Meijer 109; Mr.Patty 75; Nataliia Politova 7; naturaegeek 21; nikolansfoto 7; Nivren 48; nld 19; Norikazu 31; Norm Lane 66; Olinchuk 108; Panwasin seemala 115; Paul Aniszewski 114; Pearl Bucknall 109; PENG TIANLI 18, 19; perori 113; Peter Turner Photography 7, 36, 79, 101; PeterVrabel 32; PhotoRR 120; PJ photography 50; POSNER 110; prambuwesas 7; Predrag Lukic 90; PYRAMIS 98; rsooll 99; Sabine Hortebusch 37; Sabine Seiter_sh 124; Sandra Standbridge 7, 81; saraporn 65; Savelov Maksim 119; schankz 7; Severe 19; Sheryl Williams - APSNZ 40; Shiler 7; Simon Bratt 12; SimoneN 42; slowmotiongli 56; sl_photo 7; Smileus 8; Smit 61; solomonphotos 7; Stphanie CROCQ 80; TERRESTRE 69; Tibesty 63; Touch of eyes 10; VadimZosimov 20; Vadym Stock 7; Valerii_M 121; Viktor Loki 76; visualpower 7, 17; vovan 6; Voyagerix 87; Whiteaster 7; Yevheniia Lytvynovych 4-16, 18-21, 23-26, 28-31, 33-36, 38-41, 43-46, 48-51, 53-56, 58-61, 63-66, 68-71, 73-76, 78-81, 83-86, 88-91, 93-96, 98-101, 103-106, 108-111, 113-116, 118-121, 123-127; Yuliya Khovbosha 104; Zamada 7, 60; Zyankarlo 96, 125